中华五千年军事家评传

弘扬中华当代主旋律

掀起少年国学热旋风

中华历史名人略传丛书

中华五千年军事家评传

崔振明◎主编

中国纺织出版社

内 容 简 介

我国古代军事家群星璀璨，在世界军事史上产生了深远的影响。我国古代的军事家们首次揭示了“知彼知己，百战不殆”这一战争的普遍规律，总结了若干至今仍有科学价值的作战指导原则，很多军事家还著述了不朽的军事名著。

本书对我国古代军事家及他们所创造的重大历史事件进行了客观描述，并对他们的军事理论精髓及对历史进程的影响做了精彩的评点。《中华五千年军事家评传》一定会成为青少年读者一本理想的教育读本。

图书在版编目（CIP）数据

中华五千年军事家评传 / 崔振明主编. —北京：中国纺织出版社，2012.6（2023.4重印）

(中华历史名人略传丛书)

ISBN 978-7-5064-8346-9

Ⅰ.①中… Ⅱ.①崔… Ⅲ.①军事家-评传中国-古代-青年读物②军事家-评传-中国-古代-少年读物 Ⅳ.①K825.2-49

中国版本图书馆CIP数据核字（2012）第032115号

策划编辑：徐丽丽　　责任编辑：徐丽丽　　责任印制：陈　涛

中国纺织出版社出版发行

地址：北京东直门南大街6号 邮政编码：100027

邮购电话：010—64168110　传真：010—64168231

http://www.c-textilep.com

E-mail:faxing@ c-textilep.com

永清县晔盛亚胶印有限公司印刷　各地新华书店经销

2012年6月第1版　2023年4月第3次印刷

开本：710×1000　1/16　印张：12

字数：149千字 定价：39.80元

前言

为了“弘扬中华当代主旋律，掀起少年国学热旋风”，把中小学生读物做得更全面，更适合他们积累知识、提高阅读能力，我们倾力打造了“中华历史名人略传”丛书。这是我们以中华五千年国学精髓为基点，由资深教育理论专家共同参与策划，推出的当代青少年智慧阅读经典丛书之一。

我们中华民族自古就是礼仪之邦，青少年儿童是我们伟大文明的继承者。青少年教育要从我做起、从现在做起，引领他们去了解、学习、发扬中华民族的文化精髓，树立他们“遵纪守法、公平正义、诚信友爱”的思想意识，时刻倡导他们弘扬当代主旋律。特别是在新时期，构建和谐社会，树立少年儿童的社会主义荣辱观显得尤其重要。

传承中华国粹，弘扬传统文化。传统文化的复兴必须从孩子们身上着手，培养他们“天下兴亡，匹夫有责”的爱国情操；“己所不欲，勿施于人”的待人之道；吃苦耐劳、勤俭持家、尊师重教的传统美德，中华文明才能世代相传。

中华上下五千年的历史，其实就是一幕幕人间的活话剧，这些名人不但用自身的人格魅力影响着历史的进程，而且还无时无刻不将我们的华夏文明传播四方。由此可见，如何挖掘和发扬传统文化，古为今用，成为当代教育所面临的重要课题。

“中华历史名人略传”丛书将中华上下五千年的中国历史名人，选择经典代表性的人物进行了分门别类，共分为五大名家，其中包括政治家、思想家、军事家、文学家、科学家。同时，书中将他们的思想、行为、所取得的成就及历史评价进行了深入的剖析和解读。

“中华历史名人略传”丛书，故事通俗易懂，会使读者耳目一新，受益匪浅，一定会成为当代青少年最喜爱的教育读本。精彩的专家品析，也一定能成为当代关心孩子教育的家长们的良师益友。

对军事活动实施正确指引或是擅长具体军事行动实施的人，一般被称为军事家。军事家多为军队最高统帅或高级将领，笼统地概括为战略家、战术家和军事理论家。我国古代军事家群星璀璨，在世界军事史上产生了深远的影响。我国古代的军事家们首次揭示了“知彼知己，百战不殆”这一战争的普遍规律，总结了若干至今仍有价值的作战指导原则，很多军事家们还创作了不朽的军事名著。

军事家有为了国家的利益鞠躬尽瘁、以身殉国的军事英雄，也有为了民族的利益金戈铁马、征战疆场、马革裹尸的民族英雄，这些伟大的历史人物，对推动中华历史的发展起了很大的作用。本书对我国历史上军事家及他们所经历的重大历史事件进行了客观描述，并对他们的军事理论及对历史进程的影响做了精彩的评点。《中华五千年军事家评传》一定会成为青少年读者一本理想的教育读本。

编者

2012年3月

目 录

01. 辅佐武王建周朝，经典兵书著《六韬》（姜子牙•西周）...1
02. 东方兵学鼻祖开，百世兵家宗师始（孙武•春秋）...............5
03. 鬼谷门下比高低，各为其主争霸业（孙膑•春秋）.............10
04. 曹刿论战传千古，一战功成后世名（曹刿•春秋）.............14
05. 子胥盗墓开先河，誓雪国恨与家仇（伍子胥•春秋）.........17
06. 文能服人武驱敌，却遭谗言抑郁终（司马穰苴•春秋）....21
07. 吴子兵法遗六篇，军事主张圣典藏（吴起•战国）.............25
08. 军事情报集一身，武经七书有此人（尉缭•战国）.............29
09. 一代名将闻遐迩，率军连下七十城（乐毅•战国）.............32
10. 百战百胜震列国，将相刎颈生死共（廉颇•战国）.............36
11. 功勋赫赫未曾败，抗击匈奴第一臣（李牧•战国）.............40
12. 辅秦霸业初兴盛，长平之战成人屠（白起•战国）.............44
13. 杰出军事指挥家，辅佐始皇灭六国（王翦•战国）.............47
14. 修长城抗御匈奴，保大秦建立奇功（蒙恬•秦）...............51
15. 巨鹿大战灭秦军，推翻暴秦霸王君（项羽•秦）...............56
16. 兵仙战神集一身，王侯将相立功勋（韩信•西汉）.............61
17. 德才兼备得爵位，七王之乱成功臣（周亚夫•西汉）.........64
18. 能征惯战守疆域，抗击匈奴奇功勋（卫青•西汉）.............68
19. 大司马骠骑将军，抗匈奴英年早逝（霍去病•西汉）.........71
20. 飞将军名扬天下，迷路途自尽而终（李广•西汉）.............75
21. 骑善骁勇多谋略，三征匈奴汉功建（赵充国•西汉）.........78
22. 光武中兴功勋将，云台榜上有其名（冯异•东汉）.............82
23. 烈火初张照云海，周郎曾此破曹公（周瑜•三国）.............86

24. 夷陵石亭两成就，功高无奈保自身（陆逊•三国）.............90
25. 魏蜀将领两对峙，功勋奇建破成都（邓艾•三国）.............94
26. 人事代谢羊公碑，古往今来泪沾襟（羊祜•西晋）.............97
27. 投身戎旅建军功，忠顺勤劳似孔明（陶侃•东晋）...........101
28. 剿灭成汉收复蜀，率军三次北伐征（桓温•东晋）...........104
29. 大权握谦如周公，治军纪仁者无敌（慕容恪•东晋）.......108
30. 武威将军有胆略，带兵有方善筹谋（陈庆之•南北朝）...111
31. 戎马一生兵戈事，后世流传轶事多（李靖•唐）.............115
32. 高祖赐姓成纯臣，委以大任赏赐恩（李勣•唐）.............119
33. 灭三国非凡战绩，擒三主正直为人（苏定方•唐）...........123
34. 儒将英雄纵沙场，名臣名将于一身（裴行俭•唐）...........126
35. 驰骋沙场四十载，白袍一世成威名（薛仁贵•唐）...........130
36. 权倾天下朝不忌，盖世之功主不疑（郭子仪•唐）...........134
37. 河东节度军副使，天下兵马副元帅（李光弼•唐）..........139
38. 骁勇冠绝常胜将，战无不克从未挫（李存孝•五代）.......142
39. 杨无敌战死疆场，忠良将后世褒扬（杨业•北宋）...........146
40. 战功累累辅大宋，文人治国后世悲（狄青•北宋）...........149
41. 民族英雄抗金史，精忠报国大忠臣（岳飞•南宋）...........153
42. 金戈铁马创功勋，峥嵘岁月大元魂（张弘范•元）...........158
43. 北京保卫战扬名，石灰吟民族英雄（于谦•明）.............161
44. 抗倭寇名垂千古，战蒙古阵亡忠臣（李如松•明）...........165
45. 孤军奋战于宁远，大明英烈凌迟魂（袁崇焕•明）...........169
46. 抗倭寇民族英雄，戚家军后世褒炳（戚继光•明）...........172
47. 收复国土载史册，海峡两岸均树碑（郑成功•明）...........176
48. 抗沙俄赫赫战功，保边疆滚滚烟尘（萨布素•清）...........179

参考文献..183

姜子牙

01 辅佐武王建周朝，经典兵书著《六韬》（姜子牙•西周）

【生平简介】

姓名：吕尚。
别名：太公望、姜子牙、姜太公。
出生地：东海上（今安徽临泉县姜寨镇）。
生卒年：约公元前1128—约前1015年。
身份：军事家、政治家、丞相。
主要成就：辅佐周武王建立周朝，著《六韬》。

【名家推介】

姜子牙（约公元前1128—约前1015），字子牙，也称吕尚，他被尊称为太公望，后人多称其为姜子牙、姜太公。

他是周武王灭殷商的最高军事统帅，西周的开国元勋，齐国的缔造者，齐文化的创始人。他更是中国古代一位影响久远的杰出韬略家、军事家和政治家。历代典籍都公认他的历史地位，儒、道、法、兵、纵横诸家都尊他为本家人物，被尊为“百家宗师”。

【名家故事】

殷纣王暴虐无道，荒淫无度，朝政腐败，百姓怨声载道。西部的周国由于西伯侯姬昌倡行仁政，实行勤俭立国和裕民政策，人心安定、国势日强，天下民众倾心于西周，四方诸侯也都望心依附。壮心不已的姜尚，听说姬昌为了治国兴邦，正在广求天下贤能之人，便毅然离开了正在为官的殷商都城朝歌，来到渭水之滨的西周领地，终日垂钓于小溪边，以静观世态的变化，等待时机出山辅佐明主。

姜太公的钓鱼方法很特别，他的钓钩是直的，上面不挂鱼饵，也不沉到水里，离水面三尺高。他一边高高举起钓竿，一边自言自语说："不想活的鱼儿呀，你们愿意的话，就自己上钩吧！"一天，文王出外狩猎，占卜一卦，卦象上说："捕获的不是龙、不是虎，也不是熊，而是独霸天下的辅臣。"于是，文王西出狩猎，果然遇到在渭水上钓鱼的姜尚。两人一见如故，倾心畅谈国事。文王大喜说："我的祖先曾经预言说：'将来会有圣人到达周邦，帮助周国振兴。'难道说的就是您吗？我的祖先太公盼望您已经很久了。"于是称姜尚为"太公望"，封为西周的国师。

不久，商纣王怀疑周文王要图谋商朝天下，于是将周文王拘押在都城的监狱。姜尚想方设法广求天下美女和奇玩珍宝，献给纣王，赎出了文王。

文王归国后，便与姜尚暗地里谋划如何推翻商朝政权，姜尚辅佐文王制订了一系列灭商的计划。武王继位后，姜尚更是为了西周的大业，励精图治，西周国力更加强盛。九年之后，一切准备工作趋于就绪，联合各国诸侯共同东讨殷商，西周以姜尚统帅大军一路东进。国师姜尚左手拿着黄钺，右手拿着白旄发誓说："各方诸侯，带领你们的军队和你们的舟船，齐来汇集，逾期不到，将兴师屠戮。"他率军到达孟津时，闻讯而来的诸侯竟有八百多家，可见当时周国的威望之高。又过了两年，昏庸暴虐的商纣王杀了丞相比干，囚禁了箕子。武王认为正是讨伐纣王的最佳时机，但是兵未出行，却遇到暴风雨。众大臣都很恐惧，只有姜尚坚持出兵，武王最终听从了姜尚的意见，周军渡过黄河与诸侯军队会师。各个诸侯国也不堪忍受商纣王的残暴统治，不少国君亲自赶来会盟，总兵力达到五万人左右。进军的路上，诸侯大军与商朝军队并无大的交战，很快攻打到了殷商的都城朝歌城外的牧野，这里是通向朝歌的要道，联军没有贸然进攻，而是停下来开始布阵。从关中出发到兵临朝歌，在姜尚的指挥下，总共用了一个月的时间。

联军布阵未完就下起了雨，后来冒雨完成了布阵。诸侯国联军共有“六师”。前面是武王的三百乘战车，三千名虎贲“装甲师”，在姜尚指挥下为第一梯队。其余诸侯国的部队四万多人分为五个“师”，在后面组成方阵，为第二梯队。第二天拂晓，武王派姜尚在众军面前进行誓师，接着，武王慷慨激昂地说：“俗话说，母鸡司晨，是家中的不幸。现在纣王只听信妇人之言，连祖宗的祭祀也废弃了。他不任用自己的王族兄弟，却让逃亡的奴隶担任要职，让他们去危害贵族，扰乱商国。今天，我姬发是执行上天的惩罚！……战士们，努力呀！”

在战术运用方面，姜尚攻心为上，亲率百夫长的大卒精兵首先向商军发起冲锋。商军纷纷投降，让开通道，武王随即指挥全军奋力冲杀。双方大战一日一夜，商军大势已去，纣王逃奔朝歌，登上鹿台，自焚而死。武王率领众诸侯进入朝歌，安抚商民。这就是由军事家姜尚指挥的著名的牧野之战，以西周和诸侯国的胜利而告结束。至此，统治中原近七百年的商王朝灭亡，周王朝取而代之。

周朝建国之后，将姜尚封在齐国，都城营丘。姜尚来到齐国，开始改革政治制度，他顺应当地的习俗，大力发展商业，让百姓享受各种福利待遇，齐国很快成为当时的富国之一。

姜太公死于周康王六年十月二十日，终年139岁，葬于卫辉太公泉。

【专家品析】

姜太公是一位满腹韬略的贤臣和非凡的政治家、军事家，一直受历代统治者推崇。他被后世称为韬略鼻祖、千古武圣。他有一部旷世兵书流传于世，即《六韬》。

姜太公已去世三千余年了，人民崇拜他的高尚人格，怀念他的丰功伟绩，以朴实的感情编出很多神话故事歌颂他。到了明代许仲琳编了一部《封神演义》，把他说成是册封天下诸神的神公，姜太公的神奇和威严，成为驱邪扶正的偶像。《太平御览》和《封神记》等书逐步把他神化了，说他曾在昆仑山学道，后奉师命下山助周灭商，灭商之后又奉师命发榜封神。这些虽然超出了历史的真实，但却反映出他在人们心目中的崇高地位。

【军事成就】

《六韬》，又称《太公六韬》、《太公兵法》、《素书》，周朝初年姜子牙所著。《六韬》是一部集先秦军事思想大成的著作，对后代的军事思想有很大的影响，被誉为兵家权谋类的始祖。

后人演绎的《六韬》共分六卷。文韬——论治国用人的韬略；武韬——论用兵的韬略；龙韬——论军事组织；虎韬——论战争环境以及武器与布阵；豹韬——论战术；犬韬——论军队的指挥训练。

02 东方兵学鼻祖开，百世兵家宗师始（孙武·春秋）

【生平简介】

姓名：孙武。

别名：孙子。

出生地：齐国乐安（今山东惠民）。

生卒年：约公元前535年，卒日不详。

身份：军事家、军事理论家。

主要成就：率领吴国军队大破楚国军队，著有《孙子兵法》十三篇。

【名家推介】

孙武（约公元前535—？），字长卿，春秋时代齐国乐安（今山东惠民）人，吴国名将。孙武是中国古代最伟大军事理论家，其主要战绩有：率领吴国军队大破楚国军队，占领了楚的国都郢城，几乎剿灭楚国。

孙武著有巨作《孙子兵法》十三篇，被后世兵家所推崇，被誉为“兵学圣典”，为兵书《武经七书》之首，被译为英、法、德、日文，成为国际最著名的兵学典范之书。该书目前已成为美国西点军校的必修典籍。

【名家故事】

孙武到了吴国，被伍子胥引荐给吴王阖闾，通过练兵强国，取得了吴王的赏识。在伍子胥、孙武的治理下，吴国的内政和军事都大有起色。吴王极为器重两人，把他们两人视为左臂右膀。一天，吴王同孙武讨论起晋国的政事。吴王问：“晋国的大权掌握在范氏、中行氏、智氏和韩、魏、赵六家大夫手中，将军认为哪个家族能够强大起来呢？”孙武回答说：“范氏、中行氏两家最先灭亡。”“为什么呢？”吴王追问道。“是根据他们的田地、收取租赋以及士卒多少、官吏贪廉做出判断的。以范氏、中行氏来说，六卿之中，这两家的田产最少，收取的租税最重，高达五分抽一。公家赋敛无度，百姓自然贫困；官吏众多而又骄奢，军队庞大而又屡屡兴兵，长此下去，必然众叛亲离、土崩瓦解。”吴王见孙武的分析切中两家的要害，很有道理。接着君臣展开讨论，孙武对晋国六卿兴亡的一系列很有条理的论断，就像是给吴王献上了治国安民的良策。吴王听了深受启发，高兴地说道：“将军论说得很好，寡人明白了，君王治国的正道，就是要爱惜民力，不失人心。”

孙武与伍子胥共同辅佐阖闾治国整军，制定了以破楚为首要任务，继而向南征服越国，然后再图谋中原的争霸方略。公元前512年，吴军攻克了楚的属国钟吾国、舒国，吴王准备攻楚，孙武认为百姓劳苦，现在还不到时机，应再等待。伍子胥则提出疲楚的战略，建议把部队分为三军，采用每次用一军去袭击楚国的边境的战法来让楚军疲惫，消耗楚军的实力。阖闾采纳了这个意见，反复袭扰楚国达六年之久，使楚军疲于奔命，为大举攻楚创造了条件。孙武和伍子胥还根据楚与唐、蔡两国关系不和，楚国令尹子常生性贪婪，因索贿得不到满足而拘留蔡、唐国君，蔡、唐两国对楚国极其怨恨等情况，建议联合唐、蔡做袭楚之计。蔡、唐虽是小国，但居于楚的侧背，这就为吴军避开楚军正面，从其侧背做深远战略迂回提供了有利条件。公元前506年，吴国攻楚的条件成熟，孙武与伍子胥辅佐阖闾大举攻楚，孙武等人协助阖闾制订了一条出乎楚国意料的进军路线，从淮河逆流西上，然后在淮油弃舟登陆，再穿过楚军北部边境守备薄弱的空隙，从义阳三关直插汉水。吴军按照这一进军路线，顺利地到达汉水，进抵楚国腹地。楚军沿汉水组织防御，同吴军隔水对阵。由于楚军主帅令尹子常擅自改变预定的夹击吴军的作战计划，为了争功，单独率军渡过汉水进攻吴军，结果在柏举战败。吴军乘胜追击，五战五胜，占领了楚的国都郢城，几乎灭了楚国。

吴国从此强盛起来，开始了讨伐越国的战争。在一次与越国的战争中，阖闾受伤不久病死，太子夫差继承王位，孙武和伍子胥整顿军备，以辅佐夫差完成大业。公元前494年春天，越王勾践调集军队从水上向吴国进发，夫差率十万精兵迎战于夫椒，在孙武、伍子胥的策划下，吴军在夜间布置了许多诈兵，分为两翼，高举火把，在黑暗的夜幕中吴军乘势总攻，大败越军，勾践在吴军的追击下带着五千名残兵败将跑到会稽山上的一个小城中抵抗，由于被吴军团团包围，勾践只得向吴王屈辱求和，夫差不听伍子胥劝阻，同意了勾践的求和要求。

吴国的争霸活动在南方地区取得胜利后，便向北方中原地区进逼，公元前485年，夫差联合鲁国大败齐军。公元前482年，夫差又率领数万精兵，由水路北上，到达黄池，与晋、鲁等诸侯国君会盟。吴王夫差在这次盟会上，以强大的军事力量为后盾，争得霸主的地位。

随着吴国霸业的蒸蒸日上，夫差渐渐自以为是，不再像以前那样励精图治，对孙武、伍子胥这些功臣不再那么重视，反而重用奸臣伯嚭。越王勾践为了消沉吴王斗志、迷惑夫差，达到灭吴目的，一方面在做吴王人质的同时卧薪尝胆，一方面选美女西施（郑旦）入吴。西施入吴后，夫差大兴土木，建筑姑苏台，日日饮酒，夜夜笙歌，沉醉于酒色之中。孙武、伍子胥认为：勾践被迫求和，一定还会想办法报复，因此必须彻底灭掉越国，绝不可姑息养奸留下后患。但夫差听了奸臣的挑拨，不理睬孙武、伍子胥的苦谏。由于伍子胥一再进谏，夫差大怒，竟然制造借口，逼迫他自尽，最后命人将伍子胥的尸体装在一只皮袋里，扔到江中。伍子胥的死，给了孙武一个沉重的打击。他的心完全冷了，他意识到吴国已经不可救药。孙武深知“飞鸟尽，良弓藏；狡兔死，走狗烹”的道理，于是便悄然归隐，根据自己训练军队、指挥作战的经验，修订兵法十三篇，使它更加完善。

【专家品析】

孙武是齐国人，因避难到吴国，受到吴王阖闾的重用。他指挥吴军以少胜多，三次击败强大的楚国，使吴国成为春秋战国霸主之一。孙武所著《孙子兵法》被后人奉为军事经典，被翻译成多国文字流传于世，也成为后世商战教科书。

孙武是生活中的智者，功成之后激流勇退。兵家智慧流传千古，直到今天他的智慧依然闪烁着异样的光辉。

【军事成就】

《孙子兵法》又称《孙武兵法》、《孙武兵书》等，是中国古典军事文化遗产中的璀璨瑰宝，是中国优秀文化传统的重要组成部分，是世界三大兵书之一，其内容博大精深，思想精邃深刻，逻辑缜密严谨。

故形人而我无形，
则我专而敌分。
我专为一，
敌分为十，
是以十攻其一也。
则我众敌寡，
能以众击寡者，
则吾之所与战者约矣。
吾所与战之地不可知，
不可知则敌所备者多，
敌所备者多，
则吾所与战者寡矣。
故备前则后寡，
备后则前寡，
备左则右寡，
备右则左寡，
无所不备，
则无所不寡。
寡者，备人者也；
众者，使人备己者也。
孙武

03 鬼谷门下比高低，各为其主争霸业（孙膑·春秋）

【生平简介】

姓名：孙膑。

本名：孙伯灵。

出生地：山东。

生卒年：？—前316年。

身份：军事家、军事理论家。

主要成就：帮助齐国奠定了战国霸主地位，著有《孙膑兵法》。

【名家推介】

孙膑（？—前316），本名孙伯灵。汉族，山东鄄城人，生于战国时期的齐国阿鄄之间（今山东省的阳谷县阿城镇、鄄城县北一带）。

他是中国战国时期军事家，孙武后代。马陵之战，孙膑利用庞涓的弱点，以减灶示弱，制造假象，诱其就范，此战是中国战争史上设伏歼敌的著名战例。同时马陵之战奠定了齐国在战国期间的霸主地位，从此，齐国威震天下，出现了“诸侯东面朝齐”的强盛局面。

【名家故事】

孙膑曾经和庞涓一道学习兵法，后来，庞涓虽然担任了魏惠王的将军，但是认为自己的才能比不上孙膑，于是暗地里派人请孙膑来到了魏国。庞涓害怕他比自己有才干，很妒忌他，就捏造罪名，根据法律用刑挖去了他两腿膝盖骨并在他脸上刺上字，想使孙膑这辈子再也不能在人前露面。

有一次，齐国的使者到魏国都城大梁来，孙膑以一个受过刑罪犯的身份暗中会见了齐使，向他游说。齐使认为孙膑的才能奇异，就偷偷地载着孙膑回到了齐国，齐国将军田忌认为孙膑很有才能，像对待客人一样对待他。

田忌多次和齐国公子们赛马，下很大的赌注，孙膑看到田忌马的足力和对手相差不很大。比赛的马分有上、中、下三个等级，因此孙膑对田忌说："您只管下大赌注，我能够使您获胜。"田忌相信孙膑，就跟齐王和诸公子下千金的赌注比赛。临比赛之前，孙膑对田忌说："现在用您的下等马去和对方的上等马比赛，拿您的上等马去和对方的中等马比赛，再拿您的中等马和对方的下等马比赛。"三个等级的马都比赛完毕，田忌负了一场却胜了两场，终于赢得了齐王的千金赌注。于是田忌推荐孙膑给齐威王，齐威王向孙膑请教兵法，把孙膑当成老师。

后来，魏国攻打赵国。赵国危急，向齐国请求救援，齐威王想任命孙膑为将，孙膑婉言推辞说："一个受过刑的人不能为将。"于是任命田忌为大将，任命孙膑做军师，让他在有帷幕的车上坐着出谋策划。田忌想要带领军队到赵国去解围，孙膑说："解乱丝不能整团地抓住了去硬拉，劝解打架的人不能在双方相持很紧的地力去搏击，只要击中要害，冲击对方空虚之处，形势就会有所改变，危急的局面也就因此自行解除了。现在魏国和赵国打仗，魏国轻装精锐的士兵必定全部集中在国外，老弱兵士留在国内。您不如率领部队迅速奔赴魏国都城大梁，占领它的要道，攻击它空虚之处，他们一定会放弃围赵而回兵解救自己。此举既可解除赵国被围的局面，又可收到使魏国疲惫的效果。"田忌听从了孙膑这一建议，魏国的军队果然丢下赵国的都城邯郸，撤兵回国，和齐军在桂陵交战，魏军被打得大败。

公元342年，魏国派兵攻打韩国，韩国派人向齐国求援。韩国得到齐国答应救援的允诺，人心振奋，竭尽全力抵抗魏军进攻，但结果仍然是五战皆败，只好再次向齐国告急。齐威王抓住魏、韩皆疲的时机，任命田忌为主将，田婴为副将率领齐军直趋大梁，孙膑在齐军中充任军师，居中调度统帅全军。

魏国眼见胜利在望之际，又是齐国从中作梗，愤怒自不必说，于是决定放过韩国，转将兵锋指向齐军，其用意不言而喻，好好教训一下齐国，省得它日再同自已争夺霸主地位。魏惠王于是命太子申为上将军，庞涓为将，率雄师十万之众，气势汹汹扑向齐军，企图同齐军一决胜负。

这时齐军已进入魏国境内纵深地带，魏军尾随而来，一场鏖战是无可避免。仗该怎么打，孙膑胸有成竹，指挥若定。他针对魏兵强悍善战，素来蔑视齐军的实际情况，正确判断魏军一定会骄傲轻敌、急于求战、轻兵冒进。根据这一分析，孙膑认为战胜貌似强大的魏军是完全有把握的，方法不是别的，就是要巧妙利用敌人的轻敌心理，示形误敌，诱其深入，尔后予以出其不意的致命打击，他的想法得到主将田忌的完全赞同。于是在认真研究了战场地形条件之后，定下减灶诱敌、设伏聚歼的作战方针。

战争的进程完全按照齐军的预定计划展开。齐军与魏军刚一接触，就立即佯败后撤，为了诱使魏军进行追击，齐军按照孙膑预先的部署，施展了“减灶”的高招，第一天挖了十万人煮饭用的灶，第二天减少为五万灶，第三天又减为三万灶，造成在魏军追击下，齐军士卒大批逃亡的假象。

庞涓虽然曾与孙膑受业于同一位老师鬼谷子先生，可是水平却与孙膑相差一大截。接连三天追下来以后，他见齐军退却避战而又天天减灶，便不禁得意忘形起来，武断地认定齐军斗志涣散，士卒逃亡过半，于是丢下步兵和辎重，只带着一部分轻装精锐骑兵，昼夜兼程追赶齐军。孙膑根据魏军的行动，判断魏军将于日落后进至马陵，这一带道路狭窄，树木茂盛，地势险阻，实在是打伏击战的绝好地带。于是孙膑就利用这一有利地形，选择齐军中一万名善射的弓箭手埋伏于道路两侧，规定夜里以火光为号，一齐放箭，并让人把路旁一棵大树的皮剥掉，在上面书写“庞涓死于此树之下”的字样。

庞涓的骑兵果真于孙膑预计的时间进入齐军预先设伏区域。庞涓见剥皮的树干上写着字，但看不清楚，就叫人点起火把照明，字还没有读完，齐军便万箭齐发，给魏军以沉重的打击，魏军顿时惊恐万状，大败溃乱。庞涓顿时醒悟方知中计，刚要下令撤退，齐军伏兵已是万箭齐发。魏军进退两难，阵容大乱，自相践踏，死伤无数，庞涓自知厄运难逃，大叫一声："一招不慎，遂使竖子成名！"拔剑自刎。齐军乘胜追击，正遇太子申率后军赶到，一阵冲杀，魏军兵败如山倒，齐军生擒太子申，大获全胜。史称此战为"马陵之战"，称孙膑的战法为"减灶之计"。此战后，魏国由盛转衰，孙膑也因善于用兵而名扬天下，世人皆传习他的兵法。

【专家品析】

《孙膑兵法》是战国时期战争实践的理论总结，继承了前辈军事家的优秀成果，又对这些成果进行了发挥创造，在我国的军事思想史上占有重要地位。

《孙膑兵法》作为两千多年前的历史文化遗产，自然会有局限和不足。它杂有阴阳五行的神秘成分，认为日月星辰可以影响战争的胜负，有时对于战争中的地形等物质条件看得过于片面和绝对，但这些缺点和不足并不影响它的价值。

【军事成就】

《孙膑兵法》十六篇，在继承孙武、吴起军事思想的基础上，又有了新的发展。孙膑在兵法中阐述了战争是政治斗争工具的战争观。

04 曹刿论战传千古，一战功成后世名（曹刿·春秋）

【生平简介】

姓名：曹刿。
别名：曹沫。
出生地：春秋时鲁国（今山东省东平县）。
生卒年：不详。
身份：军事理论家。
主要成就：指挥长勺之战。

【名家推介】

曹刿，生卒年不详，春秋时鲁国（今山东省东平县）人。春秋时期著名的军事理论家。

齐桓公派兵攻鲁，当时齐强鲁弱，两军在长勺相遇，鲁军按兵不动，齐军三次击鼓发动进攻，均未奏效，士气低落。最后以齐国的失败、鲁国的胜利而告终，历史上将此战作为弱军对强军作战的经典战例，称“长勺之战”，是曹刿作为一代军事家的经典杰作。

【名家故事】

齐国和鲁国都是西周初年分封的重要诸侯国，又互相毗邻，在当时春秋动荡局面下，不免发生各种矛盾，而矛盾冲突的激化，又势必造成两国间兵戎相见的结果。继位不久的齐桓公，不听主政大夫管仲内修政治、外结盟国、待机而动的意见，于周庄王十三年春发兵攻鲁，企图一举征服鲁国，鲁庄公闻报齐军大举来攻，决定动员全国的力量，同齐军一决胜负。

鲁国有一位名叫曹刿的人，认为当政者庸碌无能，未能远谋。他不忍心看到自己的国家遭受齐国军队的蹂躏，因而来见鲁庄公，曹刿询问庄公依靠什么同齐国作战。鲁庄公说："我因为有以下几个方面的优势，对于衣物食品之类的东西，我总是要分赐给臣下，不敢独自享用。"曹刿说："这样做不过是小恩小惠，不能施及全国，民众是不会出力作战的。"鲁庄公又接着说："我对神明是很虔敬的，祭祀天地神明的祭品从不敢虚报，很守信用。"但曹刿接着回答庄公说："对神守点小信，未必能感动神明，神也不会降福的。"鲁庄公想了一下又补充道："对待民间的大小狱讼，我虽然不能做到明察秋毫，但是必定酌情予以处理。"曹刿这时才说："这倒是尽到了君主的责任，为老百姓办了好事，具备了同齐国决一胜负的基本条件。"同时，他请求随同鲁庄公奔赴战场，鲁庄公答应了他的这一请求，让他和自己同乘一车前往齐鲁两军对峙的长勺。

齐国由于是春秋时的大国，而且在历次战争节节胜利，齐国大将鲍叔牙以下将士都轻视鲁军，认为不堪一击，于是发起声势汹涌的攻击，鲁庄公见齐军攻击鲁军阵地，就要擂鼓下达应战的命令。曹刿劝阻说："齐兵势锐，我军出击正合敌人心愿，没有把握胜利，我们此刻适合以静制动，不能出击。"庄公听从他的建议，命令鲁军固守阵地，只令弓弩手发射弓箭，以稳住阵势。齐军没有厮杀的对手，又冲不进鲁军阵地，反而受到鲁军弓弩猛射而无法前进，只得向后撤退。经过稍事休整，鲍叔牙又下令展开第二次攻击，曹刿劝庄公仍然不要出击，继续固守阵地。齐军攻势虽猛，但仍攻不进鲁军阵内，接连的两次进攻，都没有奏效，齐军士气不免疲惫，不得不又退回到自己的阵地。

齐军两次进攻，鲁军都没有应战，鲍叔牙和齐军将领都认为鲁军胆怯不敢应战，决定再次发动进攻。于是齐军声势浩大的第三次进攻，很快出现于鲁军面前。曹刿看到这次齐军来势虽猛，但势头没有上两次猛，认为出击时机已到，立即向庄公提出反击齐军的建议。庄公亲自擂起战鼓，发出攻击命令，鲁军将士闻令，士气高昂，奋勇出击，争先恐后，锐不可挡，把齐军打得七零八落，溃不成军，节节败退，鲁军获得了决定性的胜利。

鲁军战胜，庄公传令追击。曹刿认为齐国是大国，兵力素来强盛，不容易判定是否真正失败，很可能另有埋伏，阻止庄公下达追击令，他登上战车向败退的齐国军队眺望，见齐军旗鼓杂乱，兵器丢得到处都是，又下车观察到齐军战车的车辙十分混乱，判定齐军是真正溃败，才向庄公提出大胆追击的建议。庄公下令，鲁军猛追猛打，给齐军以沉重打击，俘获大量甲兵和辎重，于是把齐军赶出国境。

鲁军获胜后，鲁庄公向曹刿询问取胜的原委。曹刿回答说："用兵打仗所凭借的是勇气，第一次击鼓冲锋时，士气最为旺盛；第二次击鼓冲锋，士气就衰退了；等到第三次击鼓冲锋，士气便完全消失了。齐军三通鼓之后，士气已完全丧尽，而相反我军士气正十分旺盛，这时实施反击，自然就能够一举打败齐军。"接着庄公又问起为什么当时他不让冒然向齐军发动追击。于是，曹刿说明不立即发起追击的原因："齐国毕竟是实力强大的国家，不可等闲视之，要谨防他们假败设伏，才能避免我方发生不应有的失利。后来我观察他们的车辙紊乱，望见他们的旌旗歪斜，这才大胆地建议实施战场追击。"一番话说得鲁庄公心悦诚服，点头称是。

曹刿作为优秀的军事家，他所以取胜的原因，不是靠猛打猛冲，而是靠谋略、智慧，这一点尤其让人称道。战争当中，一个优秀的谋略家，抵得上成千上万的将士，他虽然没有将士的勇猛，没有将士的膂力，没有在战场上冲锋陷阵，却能凭借智慧，以柔克刚，以弱胜强。

【专家品析】

曹刿作为传统的军事谋略家，不是凭借在战场上出生入死、浴血奋战的经验来指挥作战，而是靠军事思想来完成自己的使命。看上去他似乎没有亲身打过仗而缺乏实战经验，然而他从读书识理中积累起来的智慧，足以使他从力量对比、人心向背、心理状态、地理环境、气候条件等天、地、人方面的因素，来把握预测决定整个战争的进程。

曹刿论战所叙述的原则和长勺战例，成为中国后世“后发制人”防御战略思想的宝贵借鉴。

【军事成就】

曹刿打仗不是猛打猛冲，而是依靠谋略和智慧。战争当中，一个优秀的谋略家抵得上成千上万的将士。他虽然没有将士的勇猛，却能凭借智慧，以柔克刚，以弱胜强，以小取大。

05 子胥盗墓开先河，誓雪国恨与家仇（伍子胥·春秋）

【生平简介】

姓名：伍子胥。

名：员(yún)。

出生地：楚国。

生卒年：？—前484年。

身份：军事家、谋略家。

主要成就：助吴灭楚，著有军事著作《盖庐》。

【名家推介】

伍子胥（？—前484），名员，字子胥，楚国人。春秋末期吴国大夫、军事家、谋略家。

伍子胥父兄被楚君所杀，他为报杀父兄之仇，忍辱负重，投奔吴国，帮助阖闾刺吴王僚，夺取王位，整军经武，国势日盛，不久攻破楚国，终于报仇雪耻。吴王夫差时，劝吴王拒绝越国求和并停止伐齐，渐被疏远，吴王赐剑命他自杀。伍子胥的一生可谓艰难、壮烈、悲勇。

【名家故事】

楚平王听信谗言，设计杀害了伍子胥的父亲和兄长，伍子胥逃奔他国，楚兵一路追杀。伍子胥碾转到了离昭关六十里的一座小山下，从这里出了昭关，便是大河，就是径直通往吴国的水路，然而，此关被楚国把守很难过关。

扁鹊的弟子东皋公就住在山中，他从悬赏令上认出了伍子胥，很同情伍子胥的冤屈与遭遇，决定帮助他。东皋公把他带进自己的居所。一连七日，不谈过关之事，伍子胥实在熬不住，急切地对皋公说："我有大仇要报，度日如年，这几天耽搁在此，就好像死去一样，先生有什么办法呢？"东皋公说："我已经为你筹划了可行的计策，只是要等一个人来才行。"伍子胥满腹狐疑，寝不能寐，他想告别皋公而去，又担心过不了关反而惹祸；若是不走不知还要等多久。如此翻来覆去，心里像扎上了芒刺，卧而复起，绕屋而转，好不容易捱到天亮。东皋公一见他大惊说："你怎么一夜之间头发全白了？"伍子胥一照镜子，果然头发全白了，不由暗暗叫苦。皋公反而大笑道："我的计策成了。几天前，我已派人请我的朋友皇甫讷来，他跟你长得像，我想让他与你换掉衣服蒙混过关。你现在头发白了，不用化妆，别人也认不出你来，就更容易过关了。"

当天，皇甫讷如期到达，皋公把皇甫讷扮成伍子胥模样，伍子胥扮成仆人，一路前往昭关，守关将领远远看见皇甫讷，以为是伍子胥来了，传令所有官兵全力缉拿，伍子胥趁乱过了昭关。

伍子胥入吴后，了解到吴公子姬光想推翻吴王僚而自立，伍子胥为了利用姬光和吴的力量攻打楚国，报父兄之仇，便帮助姬光刺杀了吴王僚，自立为王，这就是吴王阖闾。阖闾登位后，任命伍子胥为行人，协助自己管理国家大事，任命另一个从楚国逃亡出来的贵族伯嚭为大夫，又举荐深通兵学的大军事家、齐国人孙武为大将。为了巩固和扩大吴国的统治，伍子胥向吴王进言要安抚百姓，这样才能强国兴霸，阖闾采纳了他的建议，委托伍子胥筑城郭、设守备、实仓廪、治兵库。从此吴国的政治、经济和军事力量逐渐得到加强，阖闾图谋大举攻楚。

周敬王八年，伍子胥鼓动吴王出兵攻楚，阖闾采纳了他的建议，于次年先后出兵攻占了楚国的夷、潜、六，进而围弦，袭扰楚国达六年之久，迫使楚军被动应战，疲于奔命，实力大为削弱，为大举攻楚创造了有利条件。

公元前506年冬，吴王阖闾亲率伍子胥、孙武、伯嚭等，出兵沿淮水攻打楚国。由楚国防备薄弱的东北部实施大纵深战略突袭，直捣楚腹地。吴军以灵活机动的战法，击败楚军主力于柏举，并展开追击，长驱直入攻入楚都郢城，终于破楚之功。

周敬王二十四年，越王允常死，其子勾践继承王位。吴国乘机攻越，越军利用吴军的疏忽，采取偷袭战术打败吴军，斩伤阖闾的脚大姆指，阖闾重伤身亡，将死时嘱咐太子夫差勿忘越国杀父之仇。夫差继承王位后，任命伍子胥为相国，伯嚭为太宰，积极训练军队，重振吴国军事力量。周敬王二十六年，吴国为报前仇，出动精兵在夫椒大败越军，越王勾践派人向吴王求和，吴王夫差将要应允，伍子胥表示反对，但吴王夫差争霸中原心切，不听伍子胥劝阻，与越国达成和议，准许越国成为吴国的属国，囚禁勾践和大夫范蠡三年。伍子胥悲愤地说："越国经过十年养息，再总结十年被灭国的教训，二十年之后，我吴国必被越国所灭！"

周敬王三十六年，夫差听说齐景公死，齐国内乱，要发兵攻齐，伍子胥劝谏说："吴国有越国这个心腹大患，希望大王先把越国彻底解决了。"但夫差认为越国已经臣服，构不成任何威胁，因而执意率军攻齐，大败齐国军队于艾陵，夫差更加骄傲自负。在吴国攻齐的四年中，越王勾践用子贡之谋，一面率越军助吴以示忠心，一面以重金贿赂太宰伯嚭，使伯嚭在吴王面前为越王说好话。吴王受了伯嚭的挑唆，后来不仅不信任伍子胥的计谋，反而怀疑伍子胥有二心，于是赐剑命其自裁。伍子胥仰天长叹道：“嗟呼！谗臣为乱矣，王乃反诛我！”慨叹完毕自刎而死。吴王闻之大怒，把子胥尸体浮在江中，吴国人怜惜他一片忠心，在江上立祠，命名叫胥山。

果然不出伍子胥所料，夫差争霸心切，公元前482年，率全国精锐部队北上黄池会盟。越王勾践伺机调集四万九千大军分两路，一路断吴归路，一路直捣吴都。又经笠泽之战和对姑苏的长期围困，于是置吴国于死地，夫差请求讲和，越王不许，夫差被迫自杀。自杀前，他用衣服掩面说：“我无面目去见子胥也！”

【专家品析】

伍子胥是春秋晚期一位重要的历史人物，他个性鲜明突出，思想丰富复杂，在治国用兵的理论和实践上均有建树。就军事思想而言，伍子胥在战略设计、战术应用以及水战和城防等方面都有重要的思想贡献。总体来说，伍子胥的思想是一个以治国用兵为目的、内涵丰富的有机整体，是春秋晚期南方地区思想发展的一个缩影，带有深刻的时代和地域烙印而留给后世。

伍子胥身上体现出一股强韧的意志力、坚韧不屈的精神。他能舍小义，成大名，其意志非一般人可比，后人对伍子胥评价为何褒多于贬，离不开他自身的命运悲剧，也离不开历史时代，更多的悲叹留给了后人。

【军事成就】

《盖庐》作为一部自成系统的兵法，主要反映了伍子胥的军事思想，其中的兵阴阳和兵权谋思想成为伍氏兵法的最核心部分。

06 文能服人武驱敌，却遭谗言抑郁终（司马穰苴·春秋）

【生平简介】

姓名：司马穰苴。

原名：田穰苴。

出生地：春秋末期齐国。

生卒年：不详。

身份：春秋末期著名军事家。

主要成就：治军用兵方法，古代军事思想史上占有重要地位，著有《司马穰苴兵法》。

【名家推介】

司马穰苴，原名田穰苴，生卒年不详，春秋末期齐国人。他是继姜尚之后一位承上启下的著名军事家，曾率齐军击退晋、燕入侵之军，因功劳被封为大司马，子孙后世称司马氏。后因齐景公听信谗言，司马穰苴被罢黜，不久抑郁发病而死。由于年代久远，其事迹流传不多，但其军事思想却影响巨大。

他治军执法如山，不畏权贵，并能平等的对待广大士兵，从而克敌制胜。他所著的《司马穰苴兵法》在古代军事思想史上占有重要地位。他的治军用兵方法，被后世许多军事将领效法。

【名家故事】

齐景公虽有王霸之心却无王霸之才，在位期间贪图淫乐，不体恤百姓。他为了满足享乐需求，对人民盘剥无度，农民的收成要上交三分之二的重税，以至民不聊生、众怨沸腾。作为齐国邻邦的晋国、燕国见齐国政局日益败坏，以为有机可乘，于是先后进犯。晋军侵占齐国的阿、甄两座城池，燕军则一路打过齐国境内的黄河，齐军大败，齐都临淄顿时岌岌可危。齐景公在此危难之际，早已束手无策。幸好朝中还有个贤相晏婴，见识极高明。他建议齐景公起用田穰苴为将。在强敌入境、国无良将的情况下，司马穰苴可谓受命于危难之际。一介庶民，一下子做了将军，到底能否担当起保家卫国的重任，齐国朝野上下都在拭目以待……

司马穰苴也知道，他虽出身于田氏望族，毕竟不同于田氏家族中的达官显贵。而且，他没有带兵的经历，如今一跃成为三军统帅，肯定难以服众。作为将帅，如果部下不服如何指挥作战？所以，对司马穰苴来说，当务之急不是带兵出征，而是立威以服众心。司马穰苴自然有他的办法，他建议齐景公派一个宠臣到军中做监军，这样才能压得住阵角。齐景公有个最宠爱的佞臣叫庄贾，做监军这个“光荣”的使命便落到了庄贾的头上。司马穰苴辞别齐景公时，顺便与庄贾相约：“我们明天中午到军营大门会面。”庄贾漫不经心地答应了。次日早晨，司马穰苴先到军中集合部队，等待监军庄贾，直到傍晚庄贾才醉醺醺地来到军中。司马穰苴立即喝令将庄贾推出斩首示众，齐景公闻讯大吃一惊，急忙派遣使者到军中赦免庄贾之罪，然而来不及了，等使者赶到的时候，庄贾早已人头落地。三军将士见状，都领教了这位司马穰苴将军的厉害，不禁对他肃然生畏。

司马穰苴杀庄贾之后，三军将士对他既害怕又佩服，之后，他开始施恩了。司马穰苴对于士卒的营房和饮食以至生病医药之类的事都非常关心，亲自检查询问，并将自己的粮食俸禄拿出来分给士卒，自己分到的粮食是全军中最少的。当司马穰苴准备与敌人开战时，连生病的士兵也要求上阵了，三军将士无不奋勇当先。人心都是肉长的，将军与士兵同甘共苦，士兵也只好在战场上舍命以报了。所以，每次出战之日，齐军士气极为高涨，以至敌军见状，不战而退；入侵的燕军闻讯渡河而逃。司马穰苴麾师追击敌军，夺回阿、甄二城，收复黄河两岸，然后凯旋。司马穰苴的军卒都听从他的号令、唯他马首是瞻，这肯定会令齐景公心生忧惧。司马穰苴料到这一点，故而在临淄郊外与三军将士共同盟誓要忠于齐景公，这才只带几个随从进入临淄城，这下齐景公放心了，对司马穰苴的表现颇为满意。为了表彰司马穰苴为齐国立下的大功，齐景公特意率朝中大臣们迎出都门，拜司马穰苴为大司马。司马穰苴任齐国大司马后，人们于是以司马穰苴称呼他，此后，司马就成了他的姓氏了。

当时齐国本来田氏已经权倾朝野，如今又有个司马穰苴一跃而成为掌管齐国军政的大司马，这就不能不让一直敌视田氏家族的鲍氏、高氏、国氏三大家族如芒刺在背。齐国的田氏、鲍氏、高氏、国氏四大家族互有矛盾，以前只是在国君面前争风吃醋，后来是争权夺利，而且日趋激烈。这几大家族中，田氏的势力最为强大。田氏的代表人物田桓子是个有心人，在齐庄公时就开始发展家族势力。到齐景公时期，田桓子趁齐景公对民众盘剥无度之机，用大斗出贷、小斗收进的办法来收买人心，赢得了齐国人民的交口称赞。鲍氏、高氏、国氏三大家族见田氏很得人心，势力迅速膨胀，纷纷向齐景公进谗言，欲驱逐司马穰苴以削弱田氏势力。

齐景公似乎也预感到田氏势力太盛，便采纳了鲍氏、高氏、国氏的意见，将司马穰苴辞退，司马穰苴无辜被免职，未免有些想不开。毕竟，他成为齐国的大司马，并非凭借田氏家族的势力，靠的是自己的才能和军功。如今，他却成了四大家族争权夺利的牺牲品，这又让他如何想得通。可怜一代卓越的军事家，竟因此抑郁成病、一病不起。司马穰苴抱恨临终之时，充满了惆怅与遗憾。本来，在动荡的年代里，正是英雄豪杰挥洒胸中才学、驰骋疆场建功立业之机，谁料竟因几句谗言，齐景公便自毁长城，使英雄无用武之地，以致英才抑郁而终。司马穰苴死后葬于临淄城郊，其墓如今仍保存完好。

【专家品析】

两千多年来，《司马穰苴兵法》一直为兵家所重视，如班固、马融、郑玄、曹操、杜预、杜佑、杜牧等人都曾引用过其中的文字。司马穰苴兵法治军，大体上有两个方面的特点：一是立威，一是施恩，恩威并用，执法严明。

在《武经七书》中，《司马穰苴兵法》位列第三，成为兵家的必读书。后来《司马穰苴兵法》竟辗转流传到了国外。日本天明七年正式刊刻了《司马法治要》；法国刊行法文版《司马穰苴兵法》，并认为《司马穰苴兵法》是世界上最早的“国际法典”。

【军事成就】

首先，《司马穰苴兵法》强调“以仁为本”，战争的目的，是为了铲除邪恶，争取和平；其次，它强调居安思危，要时刻备战，但不可穷兵黩武；第三，它详细论述治军立法的各种原则，强调治理军队要申军法、立约束、明赏罚，对于将帅，则提出了“仁、义、智、勇、信”五条标准；第四，还对军容军貌的作用、战略战术的运用、武器装备的建设等问题做了论述。

07 吴子兵法遗六篇，军事主张圣典藏（吴起·战国）

【生平简介】

姓名：吴起。

出生地：今山东省定陶。

生卒年：约公元前440—约前381年。

身份：军事家。

主要成就：朴素辩证法的战略战术思想，在我国军事史上占有重要地位。

【名家推介】

吴起（约公元前440—前381），汉族，卫国左氏（今山东省定陶，一说曹县东北）人。战国初期著名的政治改革家，卓越的军事家、统帅、军事改革家。

他是一位与“兵圣”孙武齐名的大军事家，后世把他和孙武连称“孙吴”，著有《吴子》，《吴子》与《孙子》又合称《孙吴兵法》，在中国古代军事典籍中占有重要地位。

【名家故事】

周威烈王十四年，齐国进攻鲁国，鲁国国君想用吴起为将，但因为吴起的妻子是齐国人，逐对他有所怀疑。吴起由于渴望当将领成就功名，就毅然杀了自己的妻子，表示不倾向齐国，史称杀妻求将。鲁君终于任命他为将军，率领军队与齐国作战。吴起治军严于己而宽于人，与士卒同甘共苦，因而军士都能效死从命。吴起率鲁军到达前线，没有立即同齐军开仗，表示愿与齐军谈判，先向对方“示之以弱”，以老弱之卒驻守中军，给对方造成一种“弱”、“怯”的假象，用以麻痹齐军将士，然后出其不意地以精壮之军突然向齐军发起猛攻，齐军仓促应战，一触即溃，伤亡过半，鲁军大获全胜。

吴起的得势引起鲁国群臣的非议，一时流言四起。鲁国有些人在鲁王面前中伤吴起说：“吴起是个残暴无情的人。”鲁君因而疑虑，就辞退了吴起。

吴起离开鲁国后，听说魏文侯很贤明，想去凭本事游说他。文侯问大臣李悝说：“吴起为人如何？”李悝说：“吴起贪荣名而好色，但是，他用兵司马穰苴也不能超过。”这样魏文侯就任命他为将军，率军攻打秦国，接连攻克五座城邑。

魏文侯因吴起善于用兵，廉洁而公平，能得到士卒的拥护，就任命他为西河的守将，抗拒秦国和韩国。次年，他率军攻占秦国的河西地区，任西河郡守。这一时期他先后与诸侯大战七十六场，全胜六十四回。特别是周安王十三年的阴晋之战，吴起以五万魏军，击败了十倍于己的秦军，成为中国战争史上以少胜多的著名战役，也使魏国成为战国初期的强大的诸侯国。

魏文侯死后，吴起继续效力于他儿子魏武侯。吴起还是任西河的守将，威信很高。魏国选相，很多人都看好吴起，可是最后却任命田文为相。吴起很不高兴，他向田文说：“请你和我比一比功劳可以吗？”田文说：“可以。”吴起说：“统领三军，使士卒乐于为国牺牲，敌国不敢图谋进攻我们，你比我怎样？”田文说：“我不如你。”吴起说：“管理各级官员，亲附人民，使财力充裕，你比我怎样？”田文说：“我不如你。”吴起说：“镇守西河地区，使秦军不敢向东扩张，韩国和赵国都尊从我们，你比我怎样？”田文说：“我不如你。”吴起说：“这三方面，你都不如我，而你的职位都比我高，这是为什么？”田文说：“国君年少，全国忧虑，大臣没有亲附，百姓还不信赖，在这个时候，是由你来任相合适呢？还是由我来任相合适呢？”吴起沉默了很久然后说：“应该由你来任相。”田文说：“这就是我所以职位比你高的原因。”吴起这才知道自己不如田文。

田文死后，公叔任相，他妻子是魏国的公主，公叔对吴起非常畏忌，便想害吴起。后来武侯果真对吴起有所怀疑而不信任他了，吴起于是离开魏国到楚国去了。

楚悼王平素听说吴起很能干，吴起一到楚国就任相。他严明法令，撤去不急需的官吏，废除了较疏远的公族，把节省下的钱粮用以供养战士。主要目的是加强军队，破除纵横稗阖的游说。于是南面平定了百越；北面兼并了陈国和蔡国，并击退了韩、赵、魏的扩张；向西征伐了秦国。诸侯都害怕楚国的强大，楚国的贵族都想谋害吴起，到楚悼王死后，公族责成和大臣叛乱而攻击吴起，吴起跑到楚悼王的尸体旁伏在尸体上，但追杀吴起的楚国贵族还是射杀了吴起，箭也射到了悼王的身上。楚肃王继承王位，就派令尹杀了所有因射刺吴起而同时射刺中了悼王尸体的人，当时由于射刺吴起被诛灭宗族的有七十多家。

吴起在政治、指导战争方面积累了丰富的经验，他把这些经验深化为军事理论。他主要谋略思想是：“内修文德，外治武备”。他一方面强调必须在国家和军队内部实现协调统一，才能对外用兵，提出国家如有“四不和”，就不能出兵打仗；另一方面强调必须加强国家的军事力量。

吴起继承了孙武的“知己知彼，百战不殆”的思想，强调了了解和分析敌情的重要意义，并且具体指出了国家不可轻易与敌作战。他懂得战争是千变万化的，要根据不同的情况而采取应变的措施。还具体论述了在仓卒间遭遇强敌、敌众我寡、敌拒险坚守、敌断我后路、四面受敌及敌突然进犯等情况下的应急战法和胜敌的策略。

《治兵》、《论将》和《励士》三篇阐述中，他的治军思想体现在军队能否打胜仗，不完全取决于数量上的优势，重要的是依靠军队的质量。质量高的标准是：要有能干的将领，要有经过严格训练的兵士；要有统一的号令；要有严明的赏罚。他重视将帅的作用，尤其是重视将帅的谋略，强调好的将帅应有优良的品质和作风；重视士卒的训练，提高实际作战能力；强调激励士兵。

【专家品析】

吴起重视调查研究，显然是继承了前辈军事家孙武“知己知彼，百战不殆”的思想。吴起注意自己对战争的主观指导作用，力图符合于客观实际的卓越见解，对引导战争取得胜利有极其重要的意义。吴起进步的战争观，朴素的唯物主义和朴素辩证法的战略战术思想，在我国军事史上占有重要地位。

吴起由于经常带兵打仗，很懂得在战争中发挥人的主观能动作用，认为在战争中，人必须努力掌握从事战争的各种技能和适应各种复杂环境的本领。人在战争中，往往因为缺少某种本领而送了性命，因为不习惯于某种情况而打败仗，这种主张是对生死胜败由天定的宿命论的否定。吴起在频繁的战争中积累了丰富的经验，熟练地掌握了指挥战争的艺术，吴起面临不利军事形势时的应对策略，这些无疑都成为后世军事家们借鉴的经典。

【军事成就】

吴起著有《吴子兵法》。这是一部在我国军事史上与《孙子兵法》并列的古代军事著作。《吴子兵法》四十八篇，现存仅六篇。而现有这六篇，充分反映了他的杰出的军事思想。

08 军事情报集一身，武经七书有此人（尉缭·战国）

【生平简介】

姓名：尉缭。

出生地：魏国大梁（今河南开封）。

生卒年：不详。

身份：军事家、军事理论家。

主要成就：提出了治军的十二条正反面经验，著有《尉缭子》。

【名家推介】

尉缭，生卒年代不详，魏国大梁（今河南开封）人。姓失传，名缭。他是著名的军事理论家，后世也把他称为秦始皇的情报兼特务头子。

秦嬴政十年入秦，被任为国尉，因此被称尉缭。他所著的《尉缭子》一书，在古代就被列入军事学名著，受到历代兵家推崇，与《孙子》、《吴子》、《司马法》等在宋代并称为《武经七书》之一。

【名家故事】

尉缭在秦嬴政十年来到秦国，此时嬴政已亲秉朝纲，国内形势稳定，秦王正准备全力以赴开展对东方六国的最后一击。

当时秦国还有一个非常严峻的问题，就是战将如云，猛将成群，而真正谙熟军事理论的军事家却没有。靠谁去指挥这些只善拼杀的战将，如何在战略上把握全局，制订出整体的进攻计划，这是秦王非常关心的问题。他自己出身于王室，虽工于心计，讲求政治谋略，但没有打过仗，缺乏带兵的经验。李斯等文臣也是主意多，实干少，真要上战场，真刀真枪地搏杀，就都没用了。

尉缭一到秦国，就向秦王献上一计，他说：“以秦国的强大，诸侯好比是郡县之君，我所担心的就是诸侯‘合纵’。希望大王不要爱惜财物，用它们去贿赂各国的权臣，以扰乱他们的谋略，这样不过损失三十万金，而诸侯则可以尽数消灭了。”一番话正好说到秦王最担心的问题上，秦王觉得此人不一般，正是自己千方百计要寻求的人，于是对他言听计从。不仅如此，为了显示恩宠，秦王还让尉缭享受同自己一样的衣服饮食，每次见到他，总是表现得很谦卑。秦王嬴政发挥他爱才、识才和善于用才的特长，想方设法将尉缭留住，并一下子把他提升到国尉的高位之上，掌管全国的军队，主持全面军事，所以被称为“尉缭”。

尉缭对当时战争总的看法是：存在着两种不同性质的战争，反对杀人越货的非正义战争，支持诛暴乱的正义战争。

《尉缭子》作为战国时产生的兵书，它所谈的战略战术等问题，集中体现在以下几个方面：

首先，《尉缭子》提出了以经济为基础的战争观。不荒废耕织二事，国家才有储备，而这一储备正是战争的基础。他说，土地是养民的，城邑是防守土地的，战争是守城的。所以，耕田、守城和战争在这三者当中，虽然以战争为最急，但战争却仰赖农耕，即使万乘之国，也要实行农战相结合的方针。

其次，《尉缭子》也提出了一些有价值的战略战术思想。他继承孙子的奇正思想，结合战国围城战的实践，提出了一整套攻、守城邑的谋略。主张攻城要有必胜把握，“战不必胜，不可言战；攻不必拔，不可言攻”。最后深入敌境，出敌不意，切断敌人粮道，孤立敌军城邑，乘虚去攻克它。

第三，《尉缭子》的另一重要贡献是提出了一套极富时代特色的军中赏罚条令。《尉缭子》作为古代兵书，不但在军事理论上有所发展，而且保存了战国时期许多重要军事条令，这是为其他兵书所少见的。

《尉缭子》的重刑思想显然与商鞅的刑赏思想如出一辙，而且比商鞅的更为严酷。它反映了古代军队组织中的官兵关系是严重的阶级对立关系。《尉缭子》的以法治军思想已与春秋以前大不相同。由于《尉缭子》提出一套赏罚原则，取消了旧贵族所享有的厚赏轻罚的特权，体现了新兴地主阶级的进取精神，因而极富时代精神，标明它与旧的赏罚原则有了质的不同。

其四，《尉缭子》一书所保存的其他重要军事条令，《分塞令》是营区划分条令，规定各军分塞防守区域及往来通行原则；《经卒令》是战斗编队条令，规定各军特有的军旗标志、士卒的行列单位及不同的行队单位佩戴不同徽章等；《勒卒令》是统一军中指挥号令金鼓旗铃的条令，规定了金、鼓、旗、铃等指挥工具的作用和用法；《将令》规定将军统兵受命于国君，只对国君负责，将军在军中具有无上权威，统一指挥全军；《踵军令》是后续部队行动条令。规定后续部队作为接应部队，与大军保持的距离、前进的方向、所应完成的任务以及安全、警戒、处置逃兵的原则；《兵教》是军事教练条令，规定了军中“分营居阵”的训练方式及训练中的奖惩制度。在兵教方法上，明显地继承了《吴子兵法》的一些原则，《兵教》提出十二条必胜之道，希望把军队训练成为无往而不胜的铁军。《尉缭子》所记载的这些军事条令称为后世军事效仿的典范。

【专家品析】

《尉缭子》继承并发展了《孙子》、《吴子》等兵书的军事思想，具有战国后期的时代特点。在战争观上，它反对用唯心主义的天命观指导战争，认为战争有正义与不义之分，反对不义之战，支持正义战争，主张既要慎战，又不能废战。

《尉缭子》问世后，受到历代统治者和兵家的重视。《尉缭子》是一部具有重要军事学术价值和史料价值的兵书。同时也应看到《尉缭子》中也存有封建糟粕，如鼓吹用严刑酷法来维持纪律的执行等，是剥削阶级军队官兵对立的产物。

【军事成就】

《尉缭子》一书所表述的军事思想，代表了战国时期中国军事思想发展的一个主要的流派，也是当时各国变法图强、建立封建主义制度的政治思潮在军事上反映的产物。

09 一代名将闻遐迩，率军连下七十城（乐毅·战国）

【生平简介】

姓名：乐毅。
字：永霸。
出生地：灵寿（属今河北灵寿）。
生卒年：不详。
身份：军事家。
主要成就：统帅五国联军攻破齐国。

【名家推介】

乐毅，生卒年代不详，子姓，乐氏，名毅，字永霸。汉族，中山灵寿（今河北灵寿西北）人。他是战国后期杰出的军事家，官拜燕国上将军，受封昌国君。

他辅佐燕昭王振兴燕国，统帅燕国等五国联军攻打齐国，连下七十余城，报了强齐伐燕之仇。为此，他也创造了中国古代战争史上以弱胜强的著名战例。

【名家故事】

乐毅很贤能，喜好军事，赵国人曾举荐他出来做官，赵武灵王在沙丘行宫被围困饿死后，他就离开赵国到了魏国。燕昭王年间，燕国大乱而被齐国乘机战败，因而燕昭王非常怨恨齐国，一天不曾忘记向齐国报仇雪恨。燕国是个弱小的国家，地处偏远，国力是不能克敌制胜的，于是燕昭王降低自己的身分，礼贤下士，他先礼尊郭隗借以招揽天下贤士。正在这个时候，乐毅为魏昭王出使到了燕国，燕王以宾客的礼节接待他。乐毅推辞谦让，后来终于向燕昭王敬献了礼物表示愿意献身做臣下，燕昭王就任命他为亚卿。

当时，齐湣王很强大，南边在重丘战败了楚国宰相唐滑，西边在观津打垮了魏国和赵国，随即又联合韩、赵、魏三国攻打秦国，还曾帮助赵国灭掉中山国，又击破了宋国，扩展了一千多里的领土。他与秦昭王共同争取尊为帝号，不久他便自行取消了东帝的称号，仍称王。各诸侯国都打算背离秦国而归服齐国。可是齐湣王自尊自大很是骄横，百姓已不能忍受他的暴政。燕昭王认为攻打齐国的机会来了，就向乐毅询问有关攻打齐国的事情。乐毅回答说："齐国，它原来就是大国，如今成就了霸国的基业，土地广阔人口众多，可不能轻易地单独攻打它。大王若一定要攻打它，不如联合赵国以及楚国、魏国一起攻击它。"于是昭王派乐毅去与赵惠文王结盟立约，另派别人去联合楚国、魏国，又用赵国以攻打齐国的好处去诱劝秦国。诸侯们认为齐湣王骄横暴虐对各国也是个祸害，于是都争着跟燕国联合共同讨伐齐国。乐毅回来汇报了出使情况，燕昭王动员了全国的兵力，派乐毅担任上将军，赵惠文王把相国大印授给了乐毅。

公元前284年，乐毅与赵、秦、魏、韩等五国军队约期会师。他以燕上将军职，佩赵国相印，统帅五国联军浩浩荡荡向齐地挺进。乐毅深知夺取初战胜利对于主宰战争全局的意义，立足于先发制人，给敌人以出其不意的打击。根据这一指导思想，乐毅指挥五国联军及时发起济西之战，在济水之西一举击破齐将触子率领的齐军主力。济西之战胜利后，乐毅鉴于当时齐军主力已被消灭，难以组织起有效抵抗的实际情况，果断遣返秦、韩两国的军队，并让魏军去攻取宋国，让赵军去攻占河间，免得诸国继续分享伐齐的胜利果实。尔后，他针对齐国兵力空虚，主力被歼后的恐惧心理，指挥燕军主力长驱直入，直逼齐国国都临淄，再次体现了他审时度势、应变如神的军事才能。

乐毅的这一战略部署，曾遭到谋士剧辛的反对。剧辛认为，齐国大，燕国小，燕军应该乘势攻取齐国边邑以壮大发展自己，作长久之计，而不宜举兵深入，进行冒险。乐毅则认为，燕军必须乘胜前进，攻占齐都，否则便会贻误战机，葬送胜利。于是他拒绝了剧辛的意见。指挥燕军实施战略追击，攻克临淄，从而摧毁了齐军的指挥中枢。攻克临淄后，乐毅根据战局的发展，进一步制订了征服齐国的作战计划。具体措施是，及时分兵五路平定整个齐地。其中左军东渡胶水，攻克胶东、东莱；右军沿黄河和济水，向西攻克阿城、鄄城；前军沿泰山东麓直到黄海；后军沿着临淄东北的海岸，占领千乘；中军则镇守齐都临淄，策应各路，五路大军的行动进展顺利，在短短半年的时间里，连下齐国七十余城，使齐国几乎濒临亡国的边缘。

当时，只有莒和即墨没有被齐国收服。这时恰逢燕昭王死去，他的儿子立为燕惠王。惠王从做太子时就曾对乐毅有所不满，等他继位后，齐国的田单了解到他与乐毅有矛盾，就对燕国施行反间计，造谣说："齐国城邑没有攻下的就只有两个城邑罢了，而所以不及早拿下来的原因，听说是乐毅与燕国新继位的国君有怨仇，乐毅断断续续用兵故意拖延时间姑且留在齐国，准备在齐国称王。齐国所担忧的，只怕别的将领来。"当时燕惠王本来就已经怀疑乐毅，又受到齐国反间计的挑拨，就派骑劫代替乐毅任将领，并召回乐毅。乐毅心里明白燕惠王派人代替自己是不怀好意的，害怕回国后被杀，便向西去投降了赵国。赵国把观津这个地方封给乐毅，封号叫望诸君。赵国对乐毅十分尊重，并借此来震动威慑燕国、齐国。

后来燕惠王因为乐毅的离开很后悔，于是把乐毅的儿子乐间封为昌国君，而乐毅往来于赵国、燕国之间，与燕国重新交好，燕、赵两国都任用他为客卿，乐毅死于赵国。

【专家品析】

乐毅统帅燕、韩、秦、赵、魏五国联军攻破齐国，大获全胜。这场战争，史称五国伐齐之战。乐毅的卓越军事天才在此战役中得到了淋漓尽致的表现。这场战役的最大的特色是：总揽全局，牢牢把握战争主动权，综合分析敌我双方的基本情况，制定适宜的战略决策和作战指导方针，并根据战场情势的变化，随时调整自己的战略战术。

史书上虽没有记载乐毅在军事理论上有什么建树，但他指挥燕、赵五国联军，连克齐国七十余城的不凡业绩，证明他是一位有杰出才能的军事家。

【军事成就】

乐毅统帅五国联军攻破齐国，连下七十余城的不凡业绩，证明他是一位有杰出才能的军事家。他在《报燕惠王书》中提出的国君用人的思想，对封建帝王在用人问题上提出了要求，他与燕昭王在兴燕破齐的事业中建立的君臣情谊，被封建社会的贤人志士所称道。

廉颇

⑩ 百战百胜震列国，将相刎颈生死共（廉颇·战国）

【生平简介】

姓名：廉颇。

出生地：山西太原。

生卒年：公元前327—前243年。

身份：军事家。

主要成就：为赵国的强盛做出过重大贡献。

【名家推介】

廉颇（公元前327—前243），汉族，山西太原人。嬴姓，廉氏，名颇。战国末期赵国的名将，与白起、王翦、李牧并称“战国四大名将”，杰出的军事家。

他主要活动在赵惠文王、赵孝成王、赵悼襄王时期。廉颇一生攻城略地、战功累累、能征善战、威震诸侯、刚正不阿、爱民抚民、不恋战功、忠君报国、至死不已。后世尊他为“德圣”。

【名家故事】

赵惠文王初，东方七国以齐国最为强盛，齐与秦各为东西方强国。秦国想要向东扩大势力，赵国成为最大的障碍，秦王曾多次派兵进攻赵国，廉颇统领赵军屡次大败秦军，迫使秦国改变策略，实行合纵，秦国于赵惠文王十四年在中阳与赵国讲和。以联合韩、燕、魏、赵五国之师共同讨伐齐国，大败齐军。其中，廉颇于惠文王十六年带赵军伐齐，长驱深入齐境，攻取阳晋，威震诸侯，赵国也随之越居六国之首。廉颇班师回朝拜为上卿，秦国虎视赵国而不敢贸然进攻，正是慑于廉颇的威力。

周赧王三十二年，赵国得和氏璧，强秦愿以十五城交换，赵国派蔺相如出使秦国，蔺相如身带“和氏璧”，充当赵使入使秦国。蔺相如以他的大智大勇完璧归赵，取得了对秦外交的胜利。此后秦王借口要和赵王在渑池会盟，赵王非常害怕，不愿前往。廉颇和蔺相如商量认为赵王应该前往。赵王与蔺相如同往，廉颇相送，廉颇与赵王分别时说：“大王这次行期不过三十天，若三十天不还，请立太子为王，以断绝秦国要挟赵国的希望。”廉颇的大将风度与周密安排，壮了赵王的行色，同时由于蔺相如渑池会上不卑不亢地与秦王周旋，毫不示弱地回击了秦王施展的种种手段，不仅为赵国挽回了声誉，而且对秦王和群臣产生震慑，最终使得赵王平安归来。

回国后，赵王把蔺相如拜为上卿，地位竟在廉颇之上。廉颇对蔺相如封为上卿心怀不满，认为自己做为赵国的大将，有攻城扩大疆土的大功，而地位低下的蔺相如只动动口舌却位高于自己，叫人不能容忍。他公然扬言要当众羞辱蔺相如。蔺相如知道后，并不想与廉颇去争高低，而是采取了忍让的态度。为了不使廉颇在临朝时排列自己之下，每次早朝他总是称病不到。有时，蔺相如乘车出门，远远望见廉颇迎面而来，就索性引车躲避。廉颇听说后，深受感动，他身背长长的荆条，赤膊露体来到蔺相如家中，请蔺相如治罪。从此两人结为刎颈之交，生死与共。

赵惠文王二十年，廉颇向东攻打齐国，赵惠文王二十二年，再次伐齐，攻陷九城。次年廉颇攻魏，也取得重大胜利。正是由于廉、蔺合作，使得赵国内部团结一致，尽心报国，使赵国一度强盛，成为东方诸侯阻挡秦国东进的屏障，秦国以后十年间未敢攻赵。

公元前266年，赵惠文王卒，孝成王继位。这时，秦国采取远交近攻的谋略，一边跟齐国、楚国交好，一边攻打临近的小国。周赧王五十五年，秦国进攻韩地上党。上党的韩国守军孤立无援，太守冯亭便将上党献给了赵国。于是，秦赵之间围绕着争夺上党地区发生了战争。这时，名将赵奢已死，蔺相如病重，执掌军事事务的只有廉颇。于是，赵孝成王命廉颇统帅二十万赵军阻挡秦军于长平。当时，秦军已切断了长平南北联系，士气正盛，而赵军长途跋涉，不仅兵力处于劣势，态势上也处于被动不利的地位。面对这一情况，廉颇正确地采取了筑垒固守，疲惫敌军，相机攻敌的作战方针。他命令赵军凭借山险，筑起森严壁垒。尽管秦军数次挑战，廉颇总是严束部众，坚壁不出。同时，他把上党地区的百姓集中起来，一面从事战场运输，一面投入筑垒抗秦的工作。赵军森严壁垒，秦军求战不得，无计可施，锐气渐失。廉颇用兵持重，固垒坚守三年，在于挫败秦军速胜的战略部署。秦国看速胜不行，便使用反间计，赵括代替了廉颇的职务，赵国长平之战，损失近五十万精锐部队。秦长平之战取得胜利后，接受了赵割地请和的要求。

赵国自长平之战败于秦国之后，国力大大削弱。战后，赵王封廉颇为信平君，任相国。廉颇任相国前后约六七年，多次击退入侵敌军，并伺机出击。前245年，他带兵攻取了魏地繁阳，说明赵国国力又有恢复。

秦始皇二年，赵孝成王病卒，赵悼襄王继位。襄王听信了奸臣郭开的谗言，解除了廉颇的军职，廉颇于是离赵投奔魏国。赵国因为多次被秦军围困，赵王想再任用廉颇，廉颇也想再被赵国任用。赵王派遣使者带着一副名贵的盔甲和四匹快马到大梁去慰问廉颇，看廉颇还是否可用。廉颇的仇人郭开却唯恐廉颇再得势，暗中给了使者很多钱，让他说廉颇的坏话。赵国使者见到廉颇以后，廉颇在他面前一顿饭吃了一斗米，十斤肉，还披甲上马，表示自己还可用。但使者回来向赵王报告说："廉将军虽然老了，但饭量还很好，可是和我坐在一起，不多时就拉了三次屎。"赵王认为廉颇老了，就没任用他，廉颇也就没再得到为国报效的机会，致使这位为赵国做出过重大贡献的一代名将，抑郁不乐，最终死在楚国的寿春，年约85岁。

【专家品析】

在有关廉颇的所有一切的战例记载中，廉颇几乎没有一次失败的记录。在当时诸侯列国中，廉颇不仅善于打硬战，而且还善打坚守战。

最精彩的"负荆请罪"故事出自《史记·廉颇蔺相如列传》，讲述了战国时代赵国廉颇、蔺相如的故事，故事又称将相和。廉颇正是由于他的忠勇爱国，善改错误，从而使他成为中国历史上一位瑕不掩玉的历史人物，一位有着独特个性的优秀军事家，赢得千古人们的无限崇敬和爱戴。

【军事成就】

廉颇是战国时期一位杰出的军事将领，一生征战数十年，攻城无数，歼敌数十万，而未曾有过败绩。

⑪ 功勋赫赫未曾败，抗击匈奴第一臣（李牧·战国）

【生平简介】

姓名：李牧。

出生地：战国时期赵国柏（今邢台市隆尧县）。

生卒年：？—前229年。

身份：军事家。

主要成就：与白起、王翦、廉颇并称“战国四大名将”。

【名家推介】

李牧（？—前229），嬴姓，李氏，名牧，汉族。战国时期赵国柏（今邢台市隆尧县）人，赵国杰出将领。受封赵国武安君，战功显赫，生平未曾打过败仗。

李牧的生平活动大致可划分为两个阶段，前一段是在赵国北部边境，抗击匈奴；后一段以抵御秦国为主。与白起、王翦、廉颇并称“战国四大名将”。

公元前229年，赵王迁中了秦国的离间计，听信谗言剥夺了李牧的兵权，不久后将李牧杀害；三个月后赵国灭亡。

【名家故事】

赵武灵王时虽筑了长城抵御匈奴，但赵国还常常遭到匈奴的入侵，抢掠去不少人员和财物。赵孝成王时，派李牧为将，镇守北边抗击匈奴。

他到任后，针对赵军和匈奴军的特点，经过深思熟虑后采取了一系列的军事经济措施。将边防线的烽火台加以完善，派精兵严加守卫，同时增加情报侦察，做到及早预警。为了提高部队战斗力，李牧密切官兵关系，厚待士兵，精练骑马射箭战术，全军战士由于得到厚遇，士气高昂，人人奋勇争先，愿为国家出力效劳。针对剽悍的匈奴骑兵机动灵活、战斗力强和以掠夺为主要作战目的，军需全靠抢掠的特点，为使窜扰的敌骑兵徒劳无功，他命令坚壁清野，伺机歼敌。

时间一长，匈奴兵将总以为李牧胆小怯战，根本不把他放在心上；就是赵国边兵们也在下面窃窃私议，以为李牧真的胆小怯战。李牧一意坚守不主动出击的消息传到赵孝成王那里，赵王派使者责备李牧，要李牧出击。赵王听说李牧仍然一味防守，认为他胆怯无能，灭了自已威风，立即将李牧召回，派另外一员将领来替代。新将领一到任，每逢匈奴入侵，即下令军队出战，几次都失利，人员伤亡很大。

李牧又被派到雁门，坚持按既定方针办，下令坚守。公元前244年的春天，一切准备就绪之后，李牧让百姓满山遍野去放牧牲畜，引诱匈奴入侵。匈奴单于王听到前方战报，十分高兴，于是率领大军侵入赵境，准备大肆掳掠。李牧早在匈奴来路埋伏下奇兵，匈奴大部队一到，李牧为消耗敌军，先采取守势的协同作战，战车阵从正面迎战，限制、阻碍和迟滞敌人骑兵的行动，步兵集团居中狙击，弓弩兵轮番远程射杀，而将骑兵及精锐步兵控制于军阵侧后。当匈奴军冲击受挫时，李牧乘势将控制的机动精锐部队由两翼加入战斗，发动钳形攻势，包围匈奴军于战场，经过几年养精蓄锐训练有素的赵军将士们，早已摩拳擦掌，生龙活虎向敌人扑了过去。仿佛是一架运转严整的机器，两翼包抄的一万三千名赵军骑兵仿佛两把锋利砍刀，轻松地撕开匈奴人看似不可一世的军阵，在转瞬间扼住十万匈奴骑兵命运的咽喉。一整天的会战很快演变成一场对匈奴的追歼屠杀，十万匈奴骑兵全军覆没，匈奴单于仅带了少量亲随仓皇逃窜。

李牧大败匈奴之后，又趁胜利之势收拾了赵北部的匈奴属国，迫使单于向遥远的北方逃去，完全清除了北方的忧患。在这次取得辉煌胜利的战役以后，慑于赵军之威，过了十几年，匈奴也不敢入侵赵的边境。李牧也因此成为继廉颇、赵奢之后赵国的最重要的将领。

公元前246年，李牧到朝中任职。他以相国身份出使秦国，定立盟约，使秦国归还了赵国的质子。公元前245年，赵孝成王逝世，悼襄王元年，让乐乘代替廉颇大将军的职位，廉颇一怒之下，领军攻击乐乘，乐乘逃走，廉颇也就带领自己部下，投奔魏国去了。当时，赵奢、蔺相如已死，李牧成为朝中重臣。

赵王迁四年，秦王嬴政再次派秦军入侵，兵分两路攻赵，李牧带兵大败秦军，此战为赵国赢得喘息时间，获得短暂的稳定。

赵王迁七年，赵国由于连年战争，再加北部地震，大面积饥荒，国力已相当衰弱。秦王嬴政乘机派大将王翦亲自率主力直下井陉，杨端和率河内兵卒，共领兵几十万进围赵都邯郸。赵王任命李牧为大将军，司马尚为副将，全军抵抗入侵秦军。王翦知道李牧不除，秦军在战场上不能速胜，秦王用反间计，派奸细入赵国都城邯郸，用重金收买了那个诬陷过廉颇的赵王迁近臣郭开，让郭开散布流言蜚语，说什么李牧、司马尚勾结秦军，准备背叛赵国。昏聩的赵王迁一听到这些谣言，不加调查证实，立即委派宗室赵葱和齐人投奔过来的颜聚去取代李牧和司马尚。

重视独立行事权的李牧接到这道命令，为社稷和百姓而不听命，赵王暗中布置圈套捕获李牧并斩杀了他，司马尚则被废弃不用。过了三个月，秦将王翦乘势急攻，大败赵军，赵葱战死，颜聚逃亡。秦军攻下邯郸后，俘虏赵王迁。秦王嬴政二十五年，赵国灭亡。

【专家品析】

李牧是战国末年东方六国最杰出的将领之一，深得士兵和百姓的爱戴，有着崇高的威望。在一系列的作战中，他屡次重创敌军而未尝败，显示了高超的军事指挥艺术。尤其是破匈奴之战和肥之战，前者是中国战争史中以步兵大兵团全歼骑兵大兵团的典型战例，后者则是围歼战的范例。他的无辜被害，使赵国自毁长城，也使后人无不扼腕叹恨。

在战国群雄逐鹿的舞台上，有更多的将军留下了一将功成万骨枯的威名，他们在歼敌数目等军人硬性指标上远远超过了李牧，却没有一个人有理由比李牧更值得我们尊敬，因为他们也许成功地保卫了自己所身处的国家，李牧却捍卫了我们这个苦难的民族。

【军事成就】

李牧的军事思想集中体现在以下几个方面：

(1) 在君臣关系上，强调将帅的独立性、便宜行事权。

(2) 在军民关系上，力求不扰民，争取民众对军事活动的支持、配合。

(3) 在官兵关系上，注意厚待士卒，密切官兵关系。

(4) 在作战方略上，谋划全面、周详、得当，富有针对性。

⑫ 辅秦霸业初兴盛，长平之战成人屠（白起·战国）

【生平简介】

姓名：白起。
别名：人屠、武安君。
出生地：郿（今陕西郿县东北）。
生卒年：？—前257年。
身份：军事家。
主要成就：赵楚慑服、不敢攻秦，成就秦国霸业，著有《阵图》、《神妙行军法》。

【名家推介】

白起（？—前257），芈姓，白氏，名起，楚白公胜之后。郿（今陕西郿县东北）人，中国历史上自孙武、吴起之后又一个杰出的军事家、统帅。

他是战国时期秦国名将，有“战神”之称，被世人公认为战国四大将之首。白起指挥许多重要战役：大破楚军，攻入郢都，迫使楚国迁都，楚国从此一蹶不振；伊阙之战又歼灭韩魏二十四万联军，彻底扫平秦军东进之路；长平一战一举歼灭赵军四十五万人。白起一生大小七十余战，没有败绩，六国闻白起胆寒。

【名家故事】

秦昭王四十七年，秦派王龁攻打韩国，夺取上党，上党的百姓纷纷逃往赵国，赵国驻兵于长平，以便镇抚上党。四月，王龁攻赵，赵国派廉颇为将抵抗。双方僵持多日，赵军损失巨大。廉颇根据敌强已弱、初战失利的形势，决定采取坚守营垒以待秦兵进攻的战略。秦军多次挑战，赵国都不出兵。赵王为此屡次责备廉颇。秦国于是用离间计，散布流言说："秦国所痛恨、畏惧的，是马服君赵奢之子赵括；廉颇容易对付，他快要投降了。"赵王既怨怒廉颇连吃败仗，士卒伤亡惨重，又嫌廉颇坚壁固守不肯出战，因而听信流言，派赵括替代廉颇为将。赵括上任之后，一反廉颇的部署，不仅临战更改部队的制度，而且大批撤换将领，使赵军战斗力下降。秦见赵中了计，暗中命白起为上将军，王龁为副将。

白起面对鲁莽轻敌、高傲自恃的对手赵括，决定采取后退诱敌，分割围歼的战法。他命前沿部队担任诱敌任务，在赵军进攻时，佯败后撤，将主力配置在纵深构筑袋形阵地，另以精兵五千人，楔入赵军先头部队与主力之间，伺机割裂赵军。8月，赵括在不明虚实的情况下，贸然采取进攻行动，秦军假意败走，暗中张开两翼设奇兵钳制赵军。赵军乘胜追到秦军所设壁垒，白起令两翼奇兵迅速出击，将赵军截为三段，赵军首尾分离，粮道被断。秦军又派轻骑兵不断骚扰赵军，赵军的战势危急，只得筑垒壁坚守，以待救兵。秦王听说赵国的粮道被切断，亲临战场督战，征发十五岁以上男丁从军，以阻绝赵国的援军和粮草，倾注全国之力和赵国作战，白起以二万五千人断绝赵军后路，五千骑分割赵军，而后以轻兵猛攻，迫使赵军陷入死地。

九月，赵兵已断粮四十六天，饥饿不堪，甚至自相杀食。赵括走投无路，重新集结部队，分兵四队轮番突围，赵括亲率精兵出战，被秦军射杀。赵军大败，四十万赵兵投降。白起把赵国降兵全部坑杀，只留下二百四十个年纪小的士兵回赵国报信。长平之战，秦军先后斩杀和俘获赵军共四十五万人，赵国上下为之震惊。从此赵国元气大伤，一蹶不振。后因赵国的平原君写信给其妻子的弟弟魏国的信陵君，委托他向魏王发兵救赵，信陵君去求魏王发兵救赵，魏王派晋鄙率十万大军救赵，但由于秦昭襄王的威胁，魏王只好让军队在邺城待命。信陵君为了救赵，只好用侯嬴计谋，窃得虎符并杀了晋鄙，率兵救赵，在邯郸大败秦军，才避免赵国的灭亡。

长平之战，白起大破赵军，坑杀赵军降卒四十余万。战后，白起准备乘胜进军，一鼓作气攻破赵国。可是从秦国传来的却是退兵的命令，原来秦昭王听从了范雎的话，以秦兵出师日久，应当让士卒休整为由，允许韩、赵割地求和。范雎本是一个心胸狭窄的说客，长平大胜使他心生嫉妒，怕灭赵之后，白起威重功高，使自己无法擅权便以巧言断送了白起宏伟的军事图谋，白起因此与范雎有隙。

可是秦国罢兵后，赵国不但不愿意献城反而展开了连齐抗秦的活动，秦昭王于是又命白起统兵攻赵，但遭到白起的拒绝。白起认为秦国已经失去了有利的战机，不宜再次出兵。暴怒的秦昭王哪懂得战机稍纵即逝的道理，于秦昭王四十九年，派王陵率兵攻打邯郸，结果秦军攻势受阻，将卒伤亡很大。秦昭王再次任命白起统兵，但白起认为此次更难成功，托病不受命。范雎此时用私党郑安平代替白起，不出所料伤亡惨重，且主将郑安平率两万军队降赵。孤注一掷的秦昭王亲临白府对白起说："你就是躺在担架上也要为寡人出战。"熟知兵家之道的白起已经看出残局无法收拾，坦诚劝秦昭王撤兵，等待新战机。昭王不听，反认为白起有意刁难，加之范雎乘机进谗言。于是下令削去白起所有封号爵位，贬为士卒，并强令他迁出咸阳。

由于病体不便，白起并未立即启程。三月后，秦军战败消息不断从邯郸传来，昭王更迁怒白起，命他即刻动身不得逗留，白起只得带病上路，行至杜邮，秦昭王与范雎商议，以为白起迟迟不肯奉命，派使者赐剑命其自刎，白起仰天长叹引剑自杀。

【专家品析】

白起是秦国历史上战功最为显赫的大将，征战沙场三十余载，攻城不计其数，歼敌上百万，成为当时六国无人敢迎战的军事将领，为秦国的统一大业立下了不世之功，他的作战指挥艺术创造了中国兵法的最高典范。

白起的作战特点有四个：一是不以攻城夺地为唯一目标，而是以歼敌有生力量作为主要目的的歼灭战思想，而且善于野战进攻，战必求歼，这是白起最为突出的军事特点。二是为达歼灭战目的强调追击战，对敌人穷追猛打。三是重视野战筑垒工事，先诱敌军脱离设垒阵地，再在预期歼敌地区筑垒阻敌，并防其突围。此种以筑垒工事作为进攻辅助手段的作战指导思想，在当时前所未有。四是精确进行战前料算，不论敌我双方军事，政治，国家态势甚至第三方可能采取的应对手段等等皆有精确料算，无一不中，能未战即可知胜败。

【军事成就】

白起的作战指挥艺术，代表了战国时期战争发展的水平。白起用兵，善于分析敌我形势，然后采取正确的战略、战术方针对敌人发起进攻。长平之战以佯败诱敌，使其脱离既设阵地，尔后分割包围战术，歼敌四十五万人，创造了先秦战史上最大的歼灭战战例，也是中国历史上最早、规模最大、最彻底的围歼战，规模之大、战果之辉煌，在世界战争史上也是罕见的。

13 杰出军事指挥家，辅佐始皇灭六国（王翦·战国）

【生平简介】

姓名：王翦。

出生地：频阳东乡（今陕西省富平县东北）。

生卒年：不详。

身份：军事家。

主要成就：辅助秦始皇统一六国。

【名家推介】

王翦，生卒年不详，姬姓，王氏，名翦，关中频阳东乡人。战国末期秦国著名战将，与其子王贲一并成为秦始皇覆灭六国的最大功臣。拥有杰出的军事指挥才能，与白起、李牧、廉颇并列为战国四大名将。

主要战绩：破赵国都城邯郸，消灭燕、赵；以秦国绝大部分兵力消灭楚国。王翦毕生的代表一战就是用六十万大军对楚的大战，这一战成了三十六计中“以逸待劳”这一计的典型战役。

【名家故事】

长平一战，秦将白起坑杀了四十万赵国兵士，让四十万赵国父母失去了儿子。但是，赵国却在遭受这样的打击后全国变得空前地团结。刚刚取得战胜四十万赵国精锐之师的秦国军队却在王陵和王龁等人的指挥下，被疲惫的赵国少年军和前来救援的同样是疲惫不堪的魏韩军队打得狼狈撤离赵国，秦军损兵折将达到了十万之众。

就在秦王为寻觅不到足以取代已故的白起的将才之时，年轻将领王翦请缨来了。他在朝廷上大声地说了自己的意见：“我们不能等，韩、魏、赵虽然战胜了大秦的军队，但是他们因此也元气耗尽了，他们是更需要停战修养，虽然我们秦军也遭受一些挫折，但是我们的元气未损，同时士气不衰反涨。更重要的是，今年巴蜀谷米大熟，而东方六国正在遭遇蝗虫灾害，他们的国力下降，而我们的国力上升，现在正是我们灭掉六国的最好时机。”

就在秦军战败退却十天以后，王翦带领三十万大军在各州县充足的粮草辎重供应下，只携带了轻便的武器出关，他们的重装都已经在各地的前沿等候，秦军一到人马再和武器结合，就形成了秦军战无不胜的战斗力。已经丧失了士气的赵军被秦军一击及溃，而王翦又是一个善于斗心的战将，往往秦军军力未到，战势就先一步摧城拔寨了。几乎兵不血刃，九座赵城被攻下，面对孤城邯郸王翦没有轻易下令总攻，他对邯郸实行三面的包围，而在通往秦国西北的方向却空着一个方向没有部署任何的兵力。

六国想救援，但是秦军的机动力就在邯郸蓄势待发，随时可以打击外援。秦军从北方匈奴取得的一等战马现在发挥威力了，六国的骑兵根本就进不了秦军战马的攻击圈就纷纷退却。退却的同时，秦军的兵器也要了六国士兵的生命。一马倒绝，千马心寒，于是，六国军队兵败如山倒。他们也不是不想救援，派出的试探部队全都败北，而自己的军力也很有限，谁敢于举国冒险。邯郸终于在被困三百四十一天后，已经饿得面黄肌瘦的赵国人出城门投降。

秦国横扫六国，势如破竹，灭三晋，数破楚军，燕王逃亡。秦国将领李信年轻气盛、英勇威武，曾带着几千士兵把燕太子丹追击到衍水，最后打败燕军捉到太子丹，秦始皇认为李信贤能勇敢。一天，秦始皇问李信："我打算攻取楚国，将军估计调用多少人才够？"李信回答说："最多不过二十万人。"秦始皇又问王翦，王翦回答说："非得六十万不可。"秦始皇说："王将军老了，这么胆怯呀！李将军真是果断勇敢，他的话是对的。"于是就派李信和蒙恬带兵二十万攻打楚国，王翦的话不被采用，就推托有病，回到频阳家乡养老。李信攻打平与，蒙恬攻打寝邑，大败楚军。李信接着进攻鄢郢，又拿了下来，于是带领部队向西前进，要与蒙恬在城父会师。其实，楚军正在跟踪追击他们，连着三天三夜不停息，结果楚国大将项燕大败李信部队，秦军大败而逃。

秦始皇听到这个消息，大为震怒，亲自乘快车奔往频阳，见到王翦道歉说："我由于没采用您的计策，李信果然使秦军蒙受了耻辱。现在听说楚军一天天向西逼进，将军虽然染病，难道忍心抛弃了我吗！"王翦说："大王一定不得已而用我，非六十万人不可。"秦始皇满口答应说："就只听将军的谋划了。"于是王翦率领着六十万大军出发了，秦始皇亲自到灞上送行。

王翦代替李信进击楚国，楚王得知王翦增兵而来，就竭尽全国军队来抗拒秦兵。王翦抵达战场，构筑坚固的营垒采取守势，不肯出兵交战，楚军屡次挑战，始终坚守不出。王翦让士兵们天天休息洗浴，供给上等饭食抚慰他们，亲自与士兵同饮同食。过了一段时间，王翦派人询问士兵中玩什么游戏？回来报告说："正在比赛投石看谁投得远。"于是王翦说："士兵可以派上用场了。"楚军屡次挑战，秦军不肯应战，就领兵向东去了，王翦趁机发兵追击他们，派健壮兵丁实施强击，大败楚军，追到蕲南，杀了他们的将军项燕，楚军终于败逃。秦军乘胜追击，占领并平定了楚国城邑，一天后，俘虏了楚王负刍，最后平定了楚国各地，又乘势向南征伐百越国王。与此同时，王翦的儿子王贲与李信攻陷平定了燕国和齐国各地。

秦始皇二十六年，秦国兼并了所有的诸侯国，秦统一了天下，王翦将军的功劳最多，名声流传后世。

【专家品析】

王翦是一员智将，在伐楚之时，用请求赏赐田地来消除秦王的疑心，并成为一个典故。从王翦率六十万秦军伐楚攻百越直到班师回朝，秦王都不曾表示过怀疑，实属难得。王翦的安逸终老与白起的不得善终成了鲜明的对比。

司马迁评论王翦时说：他虽被秦王尊为师，但是不能辅佐秦的统治者建立德政来巩固国家的统治。他辛辛苦苦帮秦打回来的江山只有二世就烟消云散，这和秦的暴虐是分不开的，王翦被尊为帝师，可以说没有负起自己应尽的责任，他死后不久，农民起义的烈火就燃遍大江南北。而最后其孙王离兵败被杀，也和王翦的过错是分不开的。这也印证了一句老话：打江山易守江山难。也正是因为这样，王翦也只能作为一名杰出的军事家留芳后世，而称不上是一位合格的政治家。

【军事成就】

王翦毕生的代表一战就是用六十万大军对楚的大战，这一战成了三十六计中"以逸待劳"这一计的典型战役。以逸待劳讲究待机而动，以不变应万变，以静对动，积极调动敌人，创造战机，不让敌人调动自已，而要努力牵着敌人的鼻子走。

14 修长城抗御匈奴，保大秦建立奇功（蒙恬•秦）

【生平简介】

姓名：蒙恬。

出生地：齐国（今山东人）。

生卒年：？—前210年。

身份：秦军将领、军事家。

主要成就：收复河套地区、使“胡人不敢南下而牧马”。

【名家推介】

蒙恬（？—前210），姬姓，蒙氏，名恬。汉族，祖籍齐国，山东人。传说他曾改良过毛笔，是西北地区最早的开发者，也是古代开发宁夏第一人。

他是秦始皇时期的著名将领，被誉为“中华第一勇士”。他一生中战功赫赫，主要表现在大败齐军、血战匈奴收复河套。蒙恬对秦朝的赫赫战功，见于长城的丰功伟绩，后人感叹万千。

【名家故事】

大一统的秦帝国刚刚建立的时候，蒙恬没有机会去享受一个开国功臣应得的荣华，而是肩负着更艰巨的使命——北定匈奴。公元前221年，蒙恬率大军攻破齐都，实现了秦始皇梦寐以求的全国统一。正当咸阳城里欢庆胜利的时候，秦国北部边境传来匈奴频繁骚扰并大举南侵的消息。这时，秦国刚刚统一，人心思定，军民厌战。蒙恬不顾连年征战的辛劳，接受命令收复河套地区。

公元前215年，蒙恬率领三十万能征善战的大军，日夜兼程赶赴边关。扎下大营后，他一边派人侦察敌情，一边亲自翻山越岭察看地形。第一次交战，就杀得匈奴人仰马翻，溃散草原。公元前214年的春天，蒙恬跟匈奴人在黄河以北，进行了几场战争，匈奴主力受重创，最后匈奴人被彻底打败，匈奴人向北逃窜七百余里。蒙恬并没有辜负众望，一战定河套，打得匈奴魂飞魄散。后人曾形容说“胡人不敢南下而牧马”，这正是对蒙恬河套战役功业的称赞。后来中原再次大乱时，匈奴却不敢深入汉境，这不能不说与此战有很大关系。

在蒙恬打败匈奴，拒敌千里之后，他带兵继续坚守边陲。蒙恬又根据“用险制塞”以城墙来制骑兵的战术，调动几十万军队和百姓修筑长城，把战国时秦、赵、燕三国北边的防护城墙连接起来，并重新加以整修和加固。

他建起了西起临洮、东到辽东的长达五千多公里的万里长城，用来保卫北方农业区域免遭游牧匈奴骑兵的侵袭。蒙恬在修筑万里长城的壮举中，起了主要的作用，这延绵万余里的长城给后人留下了巨大的文化瑰宝。同时，蒙恬沿黄河河套一带设置了四十四个县，统属九原郡，还建立了一套治理边防的行政机构。公元前211年，三万多名罪犯到兆河、榆中一带垦荒，发展经济，加强军事后备力量。这些措施对于边防的加强起到了积极的作用。另外，蒙恬又派人马，从秦国都城咸阳到九原，修筑了宽阔的直道，克服了九原交通闭塞的困境。这不但加强了北方各族人民经济、文化的交流和融合，更重要的是对于调动军队，运送粮草器械物资等具有重要战略意义。风风雨雨、烈日寒霜，蒙恬将军驻守九郡十余年，威震匈奴，受到秦始皇的推崇和信任。

公元前210年冬，秦始皇嬴政出游会稽途中患病，派身边的蒙毅去祭祀山川祈福，不久秦始皇在沙丘病死，死讯被封锁。

秦始皇死后，赵高担心扶苏继位，蒙恬得到重用对自己不利，就扣住遗诏不发，与胡亥密谋篡夺帝位。他又威逼利诱迫使李斯和他们合谋，假造遗诏。“遗诏”指责扶苏在外不能立功，反而怨恨父皇，派遣使者以捏造的罪名赐公子扶苏、蒙恬死罪。扶苏自杀，蒙恬内心疑虑，请求复诉。

使者把蒙恬交给了官吏，派李斯等人来代替蒙恬掌握兵权，囚禁蒙恬在阳周。胡亥杀死扶苏后，便想释放蒙恬。但赵高深恐蒙氏再次受宠对自己不利，执意要消灭蒙氏，便散布在立太子问题上，蒙毅曾在始皇面前毁谤胡亥，胡亥于是囚禁并杀死了蒙毅，又派人前往阳周去杀蒙恬。

二世皇帝派遣使者前往阳周，命令蒙恬说：“您的罪过太多了，而你的弟弟蒙毅犯有重罪，依法要牵连到你。”蒙恬说：“从我的祖先到后代子孙，为秦国累积大功，建立威信已经三代了。如今我带兵三十多万，即使是我被囚禁，但是，我的势力足够叛乱。然而，我知道必死无疑却坚守节义，是不敢辱没祖宗的教诲，不敢忘掉先主的恩宠。”使者说：“我只是受诏来处死你，不敢把将军的话传报皇上。”蒙恬沉重地叹息说：“我对上天犯了什么罪，竟然没有过错就被处死？”很久才慢慢地说：“我的罪过本来该当死罪啊，起自临洮接连到辽东筑长城、挖壕沟一万余里，这中间能没有截断大地脉络的地方吗？这就是我的罪过了。”于是吞下毒药自杀了。

【专家品析】

秦朝战将如云，蒙恬则是其中闪亮的将星。其实，两千多年以前的蒙恬距离我们实在太过遥远，我们非但不可能有这位大将的真实照片，甚至也得不到一幅他的肖像画，即使在史书之中，也没有太多关于他的具体描述。但将军的丰功伟绩和忠肝义胆却被人们深深记在了心里，他不仅成为世代名将效仿的楷模，更是千古爱国志士的永远丰碑。

对于今天的人，历史就是一张写满字的纸，一切都已写成，无可更改；但对于古人来说，历史却是他们的将来，他们的决定就可以影响历史。忠君儒雅的性格，决定了蒙恬最终的选择，同时也注定了后来的历史，但后来的历史并没有忘记这位爱国将领的丰功伟绩，至今人们还记住了他的才能。

【军事成就】

大将蒙恬，“大”字首先来自大谋大略；其次，大将蒙恬，“大”字也来自大武大勇。所以，大将蒙恬的“大”字还来自非凡的品质。大将蒙恬，“大”字是一种大气、豪气、勇气，是中华民族的一种可贵品质。

诸子百家
蒙恬

项羽

⑮ 巨鹿大战灭秦军，推翻暴秦霸王君（项羽·秦）

【生平简介】

姓名：项羽。
别名：项籍。
出生地：下相（今江苏省宿迁市宿城区）。
生卒年：公元前232—前202年。
身份：西楚霸王、军事家。
主要成就：巨鹿之战消灭秦军主力、推翻秦朝。

【名家推介】

项羽（公元前232—前202），名籍，字羽，通常被称作项羽，汉族。下相（今江苏宿迁）人，中国古代杰出军事家及著名政治人物。

他是中国军事思想“勇战”派代表人物，秦末起义军领袖。秦末随项梁发动会稽起义，巨鹿之战大破秦军主力，秦亡后自立为西楚霸王，统治黄河及长江下游的梁、楚九郡。在楚汉战争中为汉王刘邦所败，在乌江自刎而死。项羽的勇武古今无双，他是中华数千年历史上最为勇猛的将领，“霸王”一词，专指项羽。

【名家故事】

说起秦朝，人们总是先想到大秦雄师气吞如虎、横扫六国的气概，让千年来无数风流志士遐想和讴歌。大秦的兴起，内在战争机器的疯狂开动，外在百万铁军的征讨四方，开拓前所未有的疆域使天下一统。然而短短十五年间，泱泱大秦，毁于一旦，秦朝大厦倒塌之快，内在外在有各种问题，但是给予大秦最沉重一击，使强悍的大秦再无能力开动它的战争机器，无疑是项羽的天才之作——巨鹿之战。

项羽到巨鹿后开始谋划对秦军来一场世纪豪赌，赌注就是自己的性命加上几万楚军，输则全军覆没，身死当场；而赢则大秦的天下尽归自己的手中。

战前，项羽深入分析了一下当时的客观形势，有以下几个方面：自己的对手是强大的百战百胜的铁血精锐，相比之下自己的实力异常弱小。同时自己属于没有后路，不能久战，处于一个没有任何外援，没有任何退路的地步。而粮草更是问题，不但项羽军没有任何供应，秦军围巨鹿有三个月，巨鹿将随时可能被秦军所攻破，同时各个诸侯国的盟友怯怯畏战，保存实力。虽然各路诸侯援军都知道天下之势在此一举，但是由于兵少将寡，其心各异，谁都不愿意把自己陪进去，所以想指望诸侯援军，帮助自己比登天还难。

项羽不愧为是军事天才，立刻就发现秦军的弱点，秦军王离兵围巨鹿，章邯军驻扎在南边，两只军队像两把虎钳，牢牢地盯死猎物，而弱点就在两钳之间的心脏。项羽要直接实施黑虎掏心战略，只有切断两只虎钳的联系，集中力量攻其一只才可以有希望获胜。

为了得到更多的情报，让秦军露出破绽，项羽先派英布、蒲将军带上自己的两万人马渡河进攻秦军甬道。英布、蒲将军不负所望，迅速击败看守甬道的秦军。从这场小胜利，项羽看到秦军的问题是甬道虚弱，而章邯军疲惫不堪，决定抓住时机全军进攻秦军，这个时候陈余又派人向项羽请战，项羽于是派陈余做出救赵的姿态吸引王离军的注意。

项羽带着剩余的主力部队，全部渡河，随后破釜沉舟，以示“不战胜毋宁死”的大无畏精神，充分运用了“陷之死地而后生，置之亡地而后存”的军事思想，把一支向心力不足的军队栓成一根绳，只有一起向前冲，打败秦军才有活路，在项羽的手段下，楚兵的求战欲望高涨。项羽还命人打破做饭的锅，每人只带三天干粮。项羽不但要以劣势兵力击败秦军，还要用三天时间击败秦军，如果三天之内不能灭掉秦军夺取粮草，就算击败秦军还是一个死字！

当时的情形，章邯军和王离军互成犄角，打援兼顾，兵力上处于极大劣势的项羽军，如果想消灭两支大军，那是天方夜谭。而如今王离军围巨鹿，防诸侯，阵势布局给了项羽可趁之机，正是灭王离军的好时机。章邯军虎视眈眈就是趁项羽军攻王离而前后夹击，但是章邯的援军也不是毫无破绽，派兵保护甬道就有兵力的分散。这种情况下就是要利用两军犄角的空隙，大胆的玩一场刀尖上跳舞，在秦军眼皮底下放手一搏，在如此短的距离玩一场真正的运动战，所以必须要快，快到秦军主帅完全没有意识过来，快到秦军没有时间部署，快到秦军来不及配合，快到秦军反映过来已经全军覆灭的程度。

项羽开始进攻，把主力汇合在一起，直接进攻甬道，切断王离军的粮草。章邯听到消息后，立刻带军援救甬道，正中项羽之计，项羽以逸待劳，大攻章邯，章邯没有料到项羽孤注一掷，把所有筹码都压了上去，由于英布军前期的骚扰战的迷惑，章邯还以为项羽又在玩断粮游戏，搞搞破坏然后跑人，连阵型都没有布置好就带军救援。这次项羽来真格的，有心算无心，决战对救援，胜负可想而知。

章邯遭遇大败，准备休整后再战。此时项羽击退章邯军后，立刻马不停蹄杀向毫无准备的王离军。王离军围巨鹿，这几天在防备陈余的虚张声势，突然听说项羽领军杀来，大吃一惊。由于此刻阵型松散，只好命大将苏角仓促迎战。此时项羽早作好战略部署，对松散的秦军实行穿插，分割，包围，而项羽亲自带兵直攻秦军指挥中枢。接着项羽把秦军一一分割，杀苏角，擒王离，九战九胜。诸侯看到形势有利，立刻加入痛打落水狗的行列。诸侯包围秦军，巨鹿城的赵军里应外合，全歼王离军，王离的大将涉间绝望放火自杀。曾经灭六国击败匈奴的雄师，就这样烟消云散了！

【专家品析】

巨鹿之战是秦末农民战争所取得的一场巨大胜利，它基本上摧毁了秦军的主力，扭转了整个战局，奠定了反秦斗争胜利的基础。而项羽以六万破二十万，如此悬殊的战果令无数后世人对他充满了好奇和景仰。

项羽在战争中“破釜沉舟”，让士兵仅带三天的干粮，做殊死拼搏，结果九战九胜，最后大败秦军于巨鹿，打出了项羽的威名，从此铸就了他西楚霸王的威名。一直做壁上观的各路诸侯，目睹了秦楚间的几次恶战，无不纷纷投靠项羽，曾经不可一世的大秦军队就这样土崩瓦解。“破釜沉舟”这一典故也随之流传千古。

【军事成就】

巨鹿之战，是秦末农民大起义中，项羽率领六万楚军同秦将章邯、王离所率四十余万秦军主力在巨鹿进行的一场重大决战性战役，也是中国历史上著名的以少胜多的战役之一。项羽军破釜沉舟，大败二十万秦军，使秦军受到严重损失，并迫使另外二十万秦军不久投降。而项羽则确立了在各路义军中的领导地位，经此一战，秦朝名存实亡。

⑯ 兵仙战神集一身，王侯将相立功勋（韩信•西汉）

【生平简介】

姓名：韩信。

出生地：淮阴（今江苏淮安）。

生卒年：公元前231—前196年。

身份：军事家、淮阴侯。

主要成就：协助西汉开国。

【名家推介】

韩信（公元前231—前196），淮阴（今江苏淮安）人，西汉开国功臣，中国历史上杰出的军事家，“汉初三杰”之一，为汉朝的建立立下汗马功劳。因功高震主而又不自检约束，最终被吕后害死。他曾与张良一道整理兵家著述，著有兵法三篇，已失传。

韩信是中国军事思想“谋战”派代表人物，被后人奉为“兵仙”、“战神”。“王侯将相”韩信一人全任。“国士无双”、“功高无二，略不世出”是楚汉时人们对他的评价。

【名家故事】

韩信为平民，性格放纵而不拘礼节。未被推选为官吏，又无经商谋生之道，常常依靠别人周济糊口度日，许多人都讨厌他。

韩信在城下钓鱼，有几位老大娘洗衣服，其中一位大娘看见韩信饿了，就拿出饭给韩信吃。几十天都如此，直到漂洗完毕。韩信很高兴，对那位大娘说：“我一定重重地报答您老人家。”大娘生气地说：“大丈夫不能养活自己，我是可怜你这位公子才给你饭吃，难道是希望你报答吗？”

淮阴屠户中有个年轻人侮辱韩信说：“你虽然长得高大，喜欢带刀佩剑，其实是个胆小鬼罢了。”又当众侮辱他说：“你要不怕死，就拿剑刺我；如果怕死，就从我胯下爬过去。”于是韩信仔细地打量了他一番，低下身去，趴在地上，从他的胯下爬了过去。满街的人都笑话韩信，认为他胆小。

陈胜、吴广起义后，韩信几经波折投奔了刘邦。韩信多次同萧何交谈，萧何也十分赏识他。刘邦被项羽封为汉王，从长安到达南郑，就有数十位将领逃亡。韩信因为萧何等人多次在刘邦面前举荐过自己而汉王不用，也逃走了。萧何听说韩信逃走，来不及向刘邦报告便去追赶韩信。过了一两天，萧何前来进见，刘邦又怒又喜，骂问萧何为何逃跑，萧何说他不敢逃跑，他只是去追逃亡的韩信，在萧何的一再举荐下，刘邦答应拜韩信为将。

汉元年八月，被封汉王的刘邦乘项羽进攻齐地田荣之机，决计兵出南郑袭占关中，与项羽争天下，楚汉战争爆发，刘邦拜韩信为大将。

韩信采取明修栈道，暗渡陈仓之计，派樊哙、周勃率军万余大张声势地抢修栈道，吸引三秦王的注意力，自己则亲率军队翻越秦岭，袭击陈仓。他迅速占领关中大部，平定三秦之地，取得对楚的初战胜利。

当韩信破袭临淄时，项羽闻讯派遣龙且亲率兵马与齐王田广合力抗击，号称二十万兵力，龙且轻视韩信，又急于求战功，率兵与韩信军隔潍水东西两岸摆开阵势。韩信连夜派人做了一万多条袋子盛满沙土，堵塞潍河上流。率一半军队涉水进击龙且的军队，龙且出兵迎击，韩信佯装败退，龙且以为韩信怯弱，率军渡江进击。这时韩信命人决开堵塞潍河的沙袋，河水奔流而下，龙且的军队大半没有渡过去被淹死，韩信挥军猛烈截杀，杀死龙且。东岸齐、楚联军见西岸军被歼，四处逃散，韩信率军渡水追击到城阳，楚兵多数被俘虏，齐王田广逃走不久被杀，汉四年齐地全部平定。

接着韩信一连灭魏、徇赵、胁燕、定齐。齐国平定之后，他派人向刘邦上书说：“齐国狡诈多变，是个反复无常的国家，南边又与楚国相邻，如不设立一个代理王来统治，局势将不会安定。我希望做代理齐王，这样对形势有利。”当时，项羽正把刘邦紧紧围困在荥阳，情势危急，看了韩信上书内容，刘邦十分恼怒，大骂韩信不救荥阳之急竟想自立为王。张良、陈平暗中踩刘邦的脚，凑近他的耳朵说：“汉军处境不利，怎么能禁止韩信称王呢？不如就此机会立他为王，好好善待他，使他自守一方，否则可能发生变乱。”刘邦经提醒也明白过来，于是派张良前去立韩信为齐王，征调他的部队攻打楚军。

汉高帝五年，刘邦趁项羽无备，楚军饥疲，突然对楚军发动战略追击。楚军反击，刘邦大败而归。韩信从齐地南下，占领楚都彭城和今苏北、皖北、豫东等广大地区，兵锋直指楚军侧背，彭越也从梁地西进，汉将刘贾会同九江王英布从城父北上，刘邦则率部出固陵东进，汉军形成从南、北、西三面合围楚军的态势，项羽被迫撤退于垓下。五年十二月，刘邦、韩信、刘贾、彭越、英布等各路汉军约四十万人与十万楚军于垓下展开决战，汉军以韩信率军居中，将军孔熙为左翼、陈贺为右翼，刘邦率部跟进，将军周勃断后。韩信挥军进攻失利，引兵后退，命左、右翼军继续攻击。楚军迎战不利，韩信再挥军反击，楚军大败，退入壁垒坚守，被汉军重重包围。楚军屡战不胜，士兵疲惫，粮草奇缺，楚军大败，十万军队被全歼，项羽逃至东城自刎而死。刘邦于是挥军进入定陶，来到韩信军中，收夺了他的兵权，后改封韩信为楚王，都城下邳。

后来刘邦听信谗言，韩信被贬为淮阴侯。他深知高祖刘邦畏惧他的才能，所以从此常常装病不参加朝见或跟随高祖出行。

公元前196年寒冬正月，大汉开国元勋淮阴侯韩信死于长乐钟室，年仅33岁。随后，韩信三族被诛，数千无辜，血染长安，哭号之声，传荡千古，当时，寒风凛冽，长空飘雪，长安满城人人嗟叹，无不悲怆。

【专家品析】

韩信熟谙兵法，自言用兵“多多益善”，作为战术家韩信为后世留下了大量的战术典故：明修栈道，暗渡陈仓、临晋设疑、夏阳偷渡、木罂渡军、背水为营、拔帜易帜、传檄而定、沉沙决水、半渡而击、四面楚歌、十面埋伏等。他的用兵之道被历代兵家所推崇。

韩信是大汉王朝第一功臣，为汉朝的天下立下赫赫功劳。关于韩信之死，后人诠释为："狡兔死，走狗烹；飞鸟尽，良弓藏；敌国破，谋臣亡。"天下已定，韩信位居人臣之位，有功高震主之威，最后刘邦赏无可赏，所以韩信只有死路一条，为后世留下慨叹。

【军事成就】

韩信作为军事战略家，他在拜将时的言论，成为楚汉战争胜利的根本方略；作为军事统帅，他一人之下，万人之上，率军出陈仓、定三秦、擒魏、破代、灭赵、降燕、伐齐，直至垓下全歼楚军，无一败绩，天下莫敢与他相争；作为军事理论家，他与张良整兵书，并著有兵法三篇。

⑰ 德才兼备得爵位，七王之乱成功臣（周亚夫·西汉）

【生平简介】

姓名：周亚夫。

出生地：沛县（今江苏沛县）。

生卒年：公元前199—前143年。

身份：军事家。

主要成就：平定七国之乱。

【名家推介】

周亚夫（公元前199—前143），西汉时期的著名将军、军事家，汉族，沛县（今江苏沛县）人。

他是西汉开国元勋名将绛侯周勃的次子，一生治军严明，深有谋略，屡建奇功。汉景帝七年，继陶青后为丞相，中元三年，因病被免职。周亚夫才能卓越，一生出将入相，在中国历史上负有盛名。在七国之乱中，他统帅汉军，三个月平定了叛军，后死于狱中。

【名家故事】

周亚夫和哥哥周胜之，均是西汉开国功臣绛侯周勃的儿子。哥哥周胜之继承了父亲的爵位，过了三年，周胜之因杀人罪被剥夺了侯爵之位。汉文帝念周勃对汉朝建国立下战功，所以不愿意就此剥夺了周家的爵位，于是下令推选周勃儿子中最好的来继承爵位，大家一致推举了周亚夫，所以周亚夫就继承了父亲的爵位。

汉文帝二十二年，匈奴进犯北部边境，文帝急忙调边将镇守防御。当时任河内太守的周亚夫守卫细柳。文帝为鼓舞士气，亲自到三路军队里去犒劳慰问。他先到灞上，再到棘门，这两处都不用通报，见到皇帝的车马来了，军营都主动放行。而且两地的主将直到文帝到了才知道消息，迎接时慌慌张张，送文帝走时也是亲率全军送到营寨门口。

文帝到了周亚夫的营寨，和先去的两处截然不同，前边开道的被拦在营寨之外，在告知天子要来慰问后，军门的守卫都尉却说："将军有令，任何人不可入内。"天子到了军中大帐前，周亚夫一身戎装，出来迎接，手持兵器向文帝行拱手礼："甲胄在身不拜，请陛下允许臣下以军中之礼拜见。"文帝听了非常感动，欠身扶着车前的横木向将士们行军礼。劳军完毕出了营门，文帝感慨地对惊讶的群臣说："这才是真将军啊！那些霸上和棘门的军队，简直是儿戏一般，如果敌人来偷袭，恐怕他们的将军也要被俘虏了。周亚夫的军队就不可能有机会被敌人偷袭。"好长时间里，文帝对周亚夫都赞叹不已。

一个月后，匈奴兵退去。文帝命三路军队撤兵，然后升任周亚夫为中尉，掌管京城的兵权，负责京师的警卫。

后来，汉文帝病重弥留之际，嘱咐太子刘启也就是后来的汉景帝说："以后关键时刻可以用周亚夫，他是可以放心使用的将军。"文帝去世后，景帝任命周亚夫做了骠骑将军。

汉景帝三年，吴王刘濞联合楚王刘戊、胶东王刘印等七国发动叛乱，打出"诛晁错、清君侧"的旗号。景帝于是升周亚夫为太尉，领兵平叛。这时的叛乱军正在猛攻梁国，但周亚夫并不想直接救援，他向景帝提出了自己的战略计划："楚军素来剽悍，战斗力很强，如果正面决战，难以取胜。我打算先暂时放弃梁国，从背后断其粮道，然后伺机再击溃叛军。"景帝同意了周亚夫的计划。

于是周亚夫绕道进军，到了灞上，再往右绕道进军，以免半路受到叛军的袭击，走蓝田、出武关，迅速到达了雒阳。

此时的梁国被叛军轮番急攻，梁王向周亚夫求援，周亚夫却派军队向东到达昌邑城，坚守不出。梁王再次派人求援，周亚夫还是不发救兵。最后梁王写信给景帝，景帝又下诏要周亚夫进兵增援，周亚夫还是不为所动，但他却暗中派军截断了叛军的粮道，还派兵劫去叛军的粮食，叛军只好先来攻打周亚夫，但几次挑战，周亚夫都不出战。几天后，叛军大举进攻军营的东南，声势浩大，但周亚夫却让部下到西北去防御。结果在西北遇到叛军主力的进攻，由于有了准备，所以很快击退了叛军。叛军因为缺粮，最后只好退却，周亚夫趁机派精兵追击，取得胜利。叛军头领刘濞的人头也被越国人割下送来，这次叛乱经三个月就很快平定了。

公元前152年，丞相陶青有病退职，景帝任命周亚夫为丞相。开始景帝对他非常器重，但周亚夫性格耿直，不会讲政治策略。后来，有两件事导致了周亚夫的悲剧。一件是皇后的兄长封侯；一件是匈奴将军封侯。

窦太后想让景帝封皇后的哥哥王信为侯，但景帝不愿意，景帝和周亚夫商量时，周亚夫说："高祖说过，不姓刘的不能封王，没有功劳的不能封侯，如果封王信为侯，就是违背了先祖的誓约。"景帝听了无话可说。

后来匈奴将军唯许卢等五人归顺汉朝，景帝非常高兴，想封他们为侯，以鼓励其他人也归顺汉朝，但周亚夫又反对，景帝很不高兴，还是将那五人都封了侯。周亚夫很失落，托病辞职，景帝批准了他的要求。

周亚夫回来后，儿子越来越感觉他年岁老了，就偷偷买了五百甲盾，准备在他去世时发丧时用，国家是禁止个人买卖甲盾的，后来被人告发说他要谋反，于是，景帝派人追查此事。负责调查的人叫来周亚夫，询问原因。周亚夫不知道儿子做了什么，对问题不知如何回答，负责的人以为他在赌气，便向景帝报告。景帝很生气，将周亚夫交给最高司法官廷尉审理。廷尉问周亚夫："君侯为什么要谋反啊？"周亚夫答道："儿子买的都是丧葬品，怎么说是谋反呢？"廷尉讽刺道："你就是不在地上谋反，恐怕也要到地下谋反吧！"

周亚夫受此屈辱，无法忍受，开始差官召他入朝时就要自杀，被夫人阻拦，这次又受羞辱，更是难以忍受，于是绝食抗议，五天后，吐血身亡。

【专家品析】

周亚夫的一生干了两件辉煌的大事：一是驻军细柳，严于治军，为保卫国都长安免遭匈奴铁骑的践踏而做出了贡献。二是指挥平定七国之乱，粉碎了诸侯王企图分裂和割据的阴谋，维护了统一安定的政治局面。可以说没有七国之乱的平定，就不会有诸侯王国割剧势力威胁中央政权问题的最终解决，同样也就难以出现汉武帝时的强盛局面。显然周亚夫为巩固西汉王朝的统治立下了汗马功劳。

周亚夫为汉代杰出的军事家，但就是这样一位功臣，最后却落了一个凄惨的下场，造成这一悲剧的原因，所谓"性格决定命运"，周亚夫的命运悲剧，与他耿直的性格有相当大的关系。

【军事成就】

最终解决了汉朝诸侯王国割据势力威胁中央政权的问题，为巩固西汉王朝的统治立下了汗马功劳。

⑱ 能征惯战守疆域，抗击匈奴奇功勋（卫青·西汉）

【生平简介】

姓名：卫青。
字：仲卿。
出生地：河东平阳（今山西临汾市）。
生卒年：？—前106年。
身份：大司马大将、军长平侯。
主要成就：抗击匈奴。

【名家推介】

卫青（？—前106），字仲卿，汉族，河东平阳（今山西临汾市）人。他是西汉时期能征惯战、为汉朝北部疆域的开拓做出过重大贡献的将领，也是中国历史上为人熟知的常胜将军。

卫青是汉武帝时期抗击匈奴的主要将领，卫青一生七次率兵抗击匈奴。用兵敢于深入，为将号令严明，与士卒同甘苦，作战奋勇争先，将士都愿为他效力。他一生处世谨慎，奉法守职。

【名家故事】

汉武帝元光六年，匈奴又一次兴兵南下，前锋直指上谷，汉武帝果断地任命卫青为车骑将军，迎击匈奴。从此，卫青开始了他的戎马生涯。这次用兵，汉武帝分派四路出击。车骑将军卫青直出上谷，骑将军公孙敖从代郡出兵，轻车将军公孙贺从云中出兵，骁骑将军李广从雁门出兵。四路将领各率一万骑兵。卫青首次出征，但他英勇善战，直捣龙城，消灭匈奴数千人，取得胜利。另外三路，两路失败，一路无功而还。汉武帝看到只有卫青胜利凯旋，非常赏识，加封关内侯。

元朔元年秋天，匈奴骑兵大举南下，攻破辽西杀死辽西太守，又打败渔阳守将韩安国，劫掠百姓两千多人。汉武帝派李广镇守右北平，匈奴兵避开李广，从雁门关入塞，进攻汉朝北部。汉武帝又派卫青出征，并派李息从代郡出兵，从背后袭击匈奴。卫青率三万骑兵，长驱而进，赶往前线。卫青本人身先士卒，将士们更是奋勇争先，斩杀、俘获敌人数千名，匈奴大败而逃。

元朔二年，匈奴集结大量兵力，进攻上谷、渔阳。武帝派卫青率大军进攻久为匈奴盘踞的黄河河套地区，这是西汉对匈奴的第一次大战役。卫青率领四万大军从云中出发，采用迂回侧击的战术，绕到匈奴军的后方，迅速攻占高阙，切断了驻守河套地区的匈奴白羊王、楼烦王同单于王庭的联系。然后，卫青又率精骑飞兵南下，进兵陇县西，形成了对白羊王、楼烦王的包围，匈奴白羊王、楼烦王见势不好，仓惶率兵逃走。汉军活捉匈奴兵数千人，夺取牲畜一百多万头，完全控制了河套地区。此战卫青立有大功，被封为长平侯，食邑三千八百户。

经过几次打击，匈奴依然猖獗。元朔六年二月，汉武帝又命卫青攻打匈奴，公孙敖为中将军，公孙贺为左将军，赵信为前将军，苏建为右将军，李广为后将军，李沮为强弩将军，分领六路大军，统归大将军卫青指挥，浩浩荡荡从定襄出发，北进数百里，这次战役中，共取得了歼敌两千余人的辉煌战果，战后全军返回定襄休整，一个月后再次出塞，斩获匈奴军一万多名。

为了彻底击溃匈奴主力，汉武帝集中全国的财力物力，准备发动对匈奴的第三次大战役。元狩四年春，汉武帝召集诸将开会，商讨进军方略。他说：“匈奴单于采纳赵信的建议，远走沙漠以北，认为我们汉军不能穿过沙漠，即使穿过，也不敢多停留。这次我们要发起强大的攻势，达到我们的目的。”于是挑选了十万匹精壮的战马，由大将军卫青、骠骑将军霍去病各率精锐骑兵五万人，分作东西两路，远征漠北。为解决粮草供应问题，汉武帝又动员了私人马匹四万多，步兵十余万人负责运输粮草辎重，紧跟在大军之后。

原计划远征大军从定襄北上，由霍去病率骁勇善战的将士专力对付匈奴单于。后来从俘获的匈奴兵口中得知匈奴伊稚斜单于远在东方，于是汉军重新调整战斗序列，汉武帝命霍去病从东方的代郡出塞，卫青从定襄出塞。

大将军卫青麾下，李广为前将军，公孙贺为左将军，赵食其为右将军，曹襄为后将军。卫青自己率左将军公孙贺、后将军曹襄从正面进兵，直插匈奴单于驻地。

卫青大军北行一千多里，跨过大沙漠，与严阵以待的匈奴军遭遇了，卫青临危不惧，命令部队用铁甲兵车迅速环绕成一个坚固的阵地，然后派出五千骑兵向敌阵冲击。匈奴出动一万多骑兵迎战，双方激战在一起，非常惨烈。黄昏时分，忽然刮起暴风，尘土滚滚，沙砾扑面，顿时一片黑暗，两方军队互相不能分辨。卫青乘机派出两支生力军，从左右两翼迂回到单于背后，包围了单于的大营。伊稚斜单于发现汉军数量如此众多，而且人壮马肥，士气高昂，大为震动，知道无法取胜，就慌忙跨上马，在数行精骑的保护下奋力突围，向西北方向飞奔而去。

这时，夜幕已经降临，战场上双方将士仍在喋血搏斗，喊杀声惊天动地。卫青得知伊稚斜单于已突围逃走，马上派出轻骑兵追击。匈奴兵不见了单于，军心大乱，四散逃命。卫青率大军乘夜挺进。天亮时，汉军已追出二百多里，虽然没有找到单于的踪迹，却斩杀并俘虏匈奴官兵近两万人。卫青大军一直前进到真颜山赵信城，缴获了匈奴屯积的粮草，补充军用。他们在此停留了一天，然后烧毁赵信城及剩余的粮食，胜利班师。

这次战役，汉军打垮了匈奴的主力，使匈奴元气大伤，再也没有能力南下窥视汉朝。从此以后，匈奴逐渐向西北迁徙，出现了“漠南无王庭”，匈奴对汉朝的军事威胁基本上解除了。

【专家品析】

卫青是汉武帝时期抗击匈奴的主要将领，华夏杰出志士，霍去病的舅舅，二者并称“帝国双璧”。卫青开启了汉对匈奴战争的新篇章，七战七捷，无一败绩，为历代兵家所敬仰。

卫青率军与匈奴作战，屡立战功，按《史记》记载其所得封邑总共有一万六千七百户，《汉书》为二万二百户。

【军事成就】

卫青在抗击匈奴进犯的战争中，前后七次率兵出塞，为汉朝立下了不可磨灭的战功。此后，汉武帝除了奖赏两路大军的有功人员外，并加封卫青、霍去病为大司马，卫青的尊荣在当时达到了登峰造极的程度。

19 大司马骠骑将军，抗匈奴英年早逝（霍去病•西汉）

【生平简介】

姓名：霍去病。

出生地：河东平阳（今山西临汾西南）。

生卒年：公元前140—前117年。

身份：大司马骠骑将军。

主要成就：抗击匈奴。

【名家推介】

霍去病（公元前140—前117），汉族，河东郡平阳县（今山西临汾西南）人。19岁为大司马骠骑将军，中国西汉武帝时期的杰出军事家。

他是卫青的亲外甥，17岁从军，24岁病亡，短暂一生战功无数，最得意的便是封狼居胥，以数万汉朝骑兵长驱直入北地大漠数千里，歼灭匈奴七万精锐，兵到狼居胥山。

【名家故事】

在卫青建功立业的同时，霍去病也渐渐长大了，在舅舅的影响下，他自幼精于骑射，虽然年少，却不屑于像其他王孙公子那样待在长安城里放纵声色享受长辈的荫庇，他渴望杀敌立功。元朔六年，卫青领军二出定襄，18岁的霍去病开始跟从卫青出征。卫青任命霍去病为嫖姚校尉，他带领八百骑兵，作为一支奇兵脱离大军在茫茫大漠里奔驰数百里奇袭匈奴，打击匈奴的软肋，此仗霍去病斩敌两千余人，杀匈奴单于祖父，俘虏单于的国相及叔叔。汉武帝将他封为“冠军侯”，赞叹他的勇冠三军。

元狩二年春天，霍去病被任命为骠骑将军，独自率领精兵一万出征匈奴，这就是河西大战。19岁的统帅霍去病不负众望，在千里大漠中闪电奔袭，打了一场漂亮的大迂回战。六天中他转战匈奴五部落，一路猛进，并在皋兰山与匈奴卢侯王、折兰王打了一场硬碰硬的生死战，此战中，霍去病惨胜，一万精兵仅余三千人，而匈奴更是损失惨重——卢侯王和折兰王都战死，浑邪王子及相国、都尉被俘虏，斩敌八千九百六十人，匈奴休屠祭天金人也成了汉军的战利品。此战后，汉武帝封霍去病二千二百户。

同年夏天，汉武帝决定乘胜追击，展开收复河西之战。霍去病成为汉军的统帅，而作战多年的老将李广等人只作为他的策应部队，战斗中李广所部被匈奴左贤王包围，霍去病于是孤军深入，在祁连山脉霍去病所部斩敌三万余人，俘虏匈奴王爷五人以及匈奴大小阏氏、匈奴王子五十九人、相国将军当户都尉共计六十三人。经此一役，匈奴不得不退到焉支山北，汉王朝收复了河西平原。从此，汉军军威大振，而19岁的霍去病更成了令匈奴人闻风丧胆的战神。

两场河西大战后，匈奴单于想狠狠地处理一再败阵的浑邪王，消息走漏后浑邪王和休屠王便想要投降汉朝。汉武帝不知匈奴二王投降的真假，派霍去病前往黄河边受降。当霍去病率部渡过黄河的时候，果然匈奴降部中发生了哗变。面对这样的情形，霍去病竟然只带着数名亲兵就亲自冲进了匈奴营中，直面浑邪王，下令他诛杀哗变士卒。霍去病的气势不但镇住了浑邪王，同时也镇住了四万多名匈奴人，他们最终没有将哗变继续扩大。汉王朝的版图上，从此多了武威、张掖、酒泉、敦煌四郡，河西走廊正式并入汉王朝。

元狩四年，为了彻底消灭匈奴主力，汉武帝发起了规模空前的“漠北大战”。汉武帝对霍去病的能力无比信任，在这场战争的事前策划中，原本安排了霍去病打单于，结果由于情报错误，这个对局变成了卫青的，霍去病没能遇上他最渴望的对手，而是碰上了左贤王部。

在深入漠北寻找匈奴主力的过程中，霍去病率部奔袭两千多里，以一万五千的损失数量，歼敌七万多人，俘虏匈奴王爷三人，以及将军相国当户都尉八十三人。大概是渴望碰上匈奴单于，霍去病一路追杀，来到了今蒙古肯特山一带。就在这里，霍去病暂作停顿，率大军进行了祭天地的典礼——祭天封礼于狼居胥山举行，这是一个仪式，也是一种决心。封狼居胥之后，霍去病继续率军深入追击匈奴，一直打到翰海（今俄罗斯贝加尔湖）方才回兵。从长安出发，一直奔袭至贝加尔湖，在一个几乎完全陌生的环境里一路大胜，体现出一代少年军事家辉煌的成就。

元狩六年，24岁的骠骑将军霍去病去世了，谥封景桓侯。汉武帝对霍去病的死非常悲伤。他调来铁甲军，列成阵沿长安一直排到茂陵霍去病墓地。他还下令将霍去病的坟墓修成祁连山的模样，彰显他力克匈奴的奇功。

后人对霍去病将军的仰慕和喜爱的情结，不光是对少年英雄的怀念与哀思，更重要的本质内容其实是对尚武精神的推崇与向往。所以霍去病打的战役是汉民族战争史中最为荡气回肠的，他的胜利已不单是几次对外战争的完胜，更成为了一座精神象征的丰碑，整个汉民族为之骄傲，它鼓舞感召着一代又一代的汉族儿女，他那句“匈奴未灭，何以家为”的豪言壮语更让无数性情汉子血脉贲张。正因为如此，霍去病成为了古代士人与将领共同偶像，人们歌颂他、崇敬他、热爱他，自古至今延绵千年。

【专家品析】

霍去病从来不曾沉溺于富贵豪华，他将国家安危和建功立业放在首位。汉武帝曾经为霍去病修建过一座豪华的府第，霍去病却拒绝收下，说：“匈奴未灭，何以家为？”这短短的八个字，因为出自霍去病之口而言之有物、震撼人心，刻在历朝历代保家卫国将士们的心里。

霍去病一生四次领兵正式出击匈奴，都以大胜回师，灭敌十一万，降敌四万，开疆拓土，战功比他的舅舅卫青还要壮观。对于整部世界军事史和中国史来说，霍去病是彪炳千秋的传奇人物。

【军事成就】

霍去病用兵不循兵书，属于兵家中的另类，但他随机应变的能力，适合骑兵作战的长途奔袭战术，在当时是独树一帜。霍去病和他的“封狼居胥”，被中国历代兵家所推崇。

⑳ 飞将军名扬天下，迷路途自尽而终（李广•西汉）

【生平简介】

姓名：李广。

别名：飞将军。

出生地：陇西成纪（今甘肃静宁西南）。

生卒年：？—前119年。

身份：军事家、著名将领。

主要成就：率领汉军与匈奴作战。

【名家推介】

李广（？—前119），汉族，陇西成纪（今甘肃秦安县叶堡乡）人，中国西汉时期的名将。他一生对匈奴作战七十余次，功不可没，才能、勇武别人难与他相比。

汉文帝十四年从军击破匈奴因功封为中郎。景帝时先后任北部边域七郡太守。武帝继位召为中央宫卫尉。元光六年任骁骑将军，后任右北平郡太守。匈奴畏服，称他为“飞将军”，数年不敢来犯。元狩四年，漠北之战中，李广任前将军，因迷失道路，未能参战，愤愧自杀。

【名家故事】

公元前140年，汉武帝继位，众臣认为李广是名勇将，武帝于是调任李广任未央宫的卫尉。

元光六年，匈奴又一次兴兵南下，前锋直指上谷。汉军四路出击，车骑将军卫青直出上谷，骑将军公孙敖从代郡出兵，轻车将军公孙贺从云中出兵，李广任骁骑将军，率军出雁门关，四路将领各率一万骑兵。卫青首次出征，直捣龙城，斩首七百人。李广终因寡不敌众而受伤被俘，匈奴骑兵把当时受伤得病的李广放在两匹马中间，让他躺在用绳子结成的网袋里，走了十多里路，李广装死，斜眼瞧见他旁边有个匈奴少年骑着一匹好马，李广突然一跃，跳上匈奴少年的战马，把少年推下马，摘下他的弓箭，策马扬鞭向南奔驰，匈奴骑兵数百人紧紧追赶，李广边跑边射杀追兵，终于逃脱，收集余部回到了京师。汉朝廷把李广交给法官，法官判李广部队死伤人马众多，自己又被匈奴活捉，应当斩首，后用钱赎罪，成为平民。但李广展现出的惊人骑射技术给匈奴人留下深刻的印象，这正是匈奴称其为“汉之飞将军”的由来。

李广为将廉洁，常把自己的赏赐分给部下，与士兵同吃同饮。他做了四十多年俸禄二千石的官，家里没有多少多余的财物，始终不谈购置家产的事，深得官兵爱戴。李广身材高大，臂长如猿，有善射天赋，他的子孙向他人学射箭，但都不及李广。李广不善言辞，闲居时也以射箭来赌酒为乐，一生都以射箭为消遣。李广爱兵如子，凡事能身先士卒。行军遇到缺水断食之时，若遇水食，士兵不全喝到水，他不近水边；士兵不全吃遍，他不尝饭食。对士兵宽缓不苛刻，这就使得士兵甘愿为他出死力。李广射杀敌人时，要求自己箭无虚发，所以非在数十步之内不射，常常是箭一离弦，敌人应声而亡。不久，郎中令石建死，李广被任命为郎中令，“郎中令”是掌管宫殿门户的官，但实际权力很大，是皇帝禁宫内的主要职能官员。

公元前121年，李广以郎中令身份率四千骑兵从右北平出塞，与博望侯张骞的部队一起出征匈奴。李广部队前进了数百里，突然被匈奴左贤王带领的四万骑兵包围，李广的士兵们都非常害怕，李广就派自己的儿子李敢先入敌阵探察敌情。李敢率几十名骑兵，冲入敌阵，直逼匈奴，抄出敌人的两翼而回。回来后向李广报告说：“匈奴兵很容易对付。”李广的军士听了才安定下来。李广布成圆形阵势面向四外抗敌。匈奴猛攻汉军，箭如雨下，汉兵死伤过半，箭也快射光了。李广就命令士兵把弓拉满，不要发射，他手持强弩射杀匈奴副将多人，匈奴兵将大为惊恐，渐渐散开。这时天色已晚，汉官兵都吓得面无人色，但李广却意气自如，军中官兵从此都非常佩服李广的勇气。第二天，他又和敌兵奋战，这时博望侯张骞的救兵才赶到，解了匈奴之围。李广的军队几乎全军覆没，李广功过相抵，没有得到赏赐。博望侯张骞延误行程，当斩，后用钱赎罪，成为平民。

元狩四年，大将军卫青与骠骑将军霍去病深入漠北打击匈奴。李广多次请求随军出征，武帝认为他年老未被启用。后来武帝终于任命其为前将军，随卫青出征。出塞后，卫青得知单于的驻扎地，卫青决定自率部队正面袭击单于，命前将军李广与右将军赵食其从东路夹击。李广从东路出发，部队因无向导或者向导死亡，迷失了道路，落在大将军后面，耽误了约定的军期。漠北之战，卫青见李广战时不曾赶到，卫青当机立断，创造性地运用车骑协同的新战术，命令部队以战车自环为营，以防止匈奴骑兵的突然袭击，而令五千骑兵出击匈奴，伊稚斜单于以万骑迎战。此战汉军追击二百余里，俘斩敌军两万余名，但伊稚斜单于趁夜幕降临，跨上一匹善于奔跑的精骑，率领数百壮骑杀出重围向西北方向逃去。卫青乘胜向北挺进，攻入颜山赵信城，缴获了匈奴屯集的大批粮食和军用物资。汉军在此驻留一日，然后放火烧毁赵信城及城内未能运走的余粮，回师南下。到达漠南之后，卫青与李广、赵食其会合。

会合后，由于要向武帝汇报此战的经过，卫青派长史拿了干粮酒食送给李广，顺便问起李广等迷路的情况。李广回到自己军中，对他的部下说："我一生和匈奴大小七十余战，今天有幸跟从大将军出击，而又迷失道路，这难道是天灾吗？"说完拔刀自刎。李广部下军士大夫皆哭。百姓闻之，无论认识与不认识他的，无论老者青年，都为之流泪惋惜。

【专家品析】

李广最大的缺点，恰恰在于自负。当然，李广的自负是有资本的，当时他的骑术和箭术在那个时代独步天下，几次与匈奴的交战为他树立了孤胆英雄的形象，也让他对于他的骑射愈加自恋，而忽略了作为将领的其他方面的素养。李广虽然与匈奴打了大小七十余战，五次大战，却是三次无功而返，两次全军覆没；而卫青则是七出边塞，七战七捷。

首先，自负是李广的第一大弱点；其次，心胸狭隘是他的第二大弱点；第三，“言而无信”是李广的第三大弱点。基于历史的客观原因以及李广自身的这三大致命的弱点，前事不忘后事之师，李广的悲剧值得后人借鉴！

【军事成就】

汉初的边境战争是一场特殊的战争，其自然和人文特点决定了这场战争的异常坚苦和残酷。远离后方的长途奔袭，疾风暴雨般的仓卒遭遇，以及众寡悬殊的孤军奋战，成为经常作战的方式。李广无疑是适应于这些作战特点的杰出将领。非凡的勇敢、决断和应变能力，以及有别于传统的治军方法，使他成为受部下拥戴、令敌军闻之丧胆的一代名将。

21 骑善骁勇多谋略，三征匈奴汉功建（赵充国·西汉）

【生平简介】

姓名：赵充国。

字：翁孙。

出生地：陇西上邽（今甘肃省天水市）。

生卒年：公元前137—前52年。

身份：军事家、著名将领。

主要成就：平定羌族暴乱。

【名家推介】

赵充国（公元前137—前52），字翁孙，汉族，原为陇西上邽（今甘肃省天水市）人，后移居湟中（今青海西宁地区）。西汉著名将领，一生主要的功绩表现在平定羌族暴乱。

赵充国善于治军，爱护士兵。在平叛战事中，他坚决采取招抚与打击相结合、分化瓦解、集中打击顽固者的方针，能和平解决的决不付诸武力，这完全符合孙子兵法："百战百胜非善之善者也；不战而屈人之兵，善之善者也。"

【名家故事】

汉武帝时，赵充国以假司马身份随从将军李广利出击匈奴，被匈奴骑兵包围，汉军几天吃不到食物，死伤很多，赵充国与一百多名壮士冲出重围，李广利带兵跟随其后，终于脱身。赵充国身上二十多处受伤，李广利向皇帝报告这个情况，皇帝下诏召见，武帝亲自察看他的伤口，颇为感叹，任他为中郎，迁升为车骑将军长史。

汉宣帝元康三年，先零部落与各个羌族部落酋长二百多人订立盟约，打算共同侵扰汉朝地区。汉宣帝知道了这事，问赵充国怎么办，赵充国说：羌人为患，一是羌族原来各部落互相攻击，易于控制，但近几年来他们订立合约共同反汉；二是羌族与匈奴早就打算联合；三是羌族还可能与其他种族联合。他向朝廷提出建议：一是加强军事上的边防；二是离间羌族各部落并侦探他们的预谋。

赵充国领兵到了先零羌人所在地，羌人因为长久驻扎在这里，思想上松懈，突然看见汉军大部队到来，抛弃车辆辎重，打算渡过湟水，因为道路险隘，赵充国缓慢地稳扎稳打。有人主张兵贵神速，赵充国说："此穷寇不可追也。"果然，羌人赴水溺死者数百人，投降及斩首五百多人，获得马、牛、羊十万余头，车四千多辆。赵充国汉军到了羌族地区，命令不得烧毁住所损害农牧。羌人知道这个消息，高兴地说："汉军不追击我们了。”他们的头领靡忘亲自来到汉军大营，赵充国招待饮食，让他回去告诉族众：“不再骚扰边境者一律不杀。”

赵充国病了，宣帝给他写信说：听说你有病，年老加疾，万一去世，我很担忧。现在诏令破羌将军辛武贤到你的驻地，担任你的副手，赶快趁此天时大利，将士锐气，定于十二月击败先零的部队。你如果病很严重，就驻守不动，只让破羌将军辛武贤、强弩将军许延寿领兵前去。这时羌众来投降者已一万多人，赵充国估计他们必定动摇，打算安排骑兵屯田，可恰在此刻接到命令进兵的玺书，于是奏上了屯田书。在屯田书中赵充国提出两点建议：一、我带的兵马，消耗粮、盐、草等数量巨大，可能发生其他变故，所以我以为必须设定长久之计。二、在临羌至浩亹一带，不用骑兵，招募民众，进行屯田。只以少数骑兵卫护屯田。宣帝回书问：如果实行罢退骑兵的屯田之策，如何消灭他们的侵扰？要求再申明理由。赵充国申诉说：羌人与汉民一样，都有“避害就利，爱亲戚，畏死亡”之心。如果罢骑兵而屯田，“顺天时，占地利”，胜利在望。羌众已经动摇，前后来降者万余人，安抚招降这是解决羌患的长久大计。同时，还提出留兵屯田“十二便”，所以要求朝廷采纳他的策略。

宣帝回复书信时说，屯田不一定能解决羌患，要求赵充国认真考虑然后再次报告。赵充国又报告说：先零羌人所剩精兵不多，汉军屯田，搞好战备，以逸待劳。赵充国报告每次送上朝廷，皇帝都交给公卿议论。赞成赵充国政策的起初很少，后来赞成者越来越多。于是诏令罢兵，只留下赵充国负责屯田。

神爵二年五月，赵充国估计羌众伤亡及投降者甚多，力量削弱，请求撤兵，得到皇帝的允准，于是他带领军队还朝。留下辛武贤为酒泉太守，赵充国为后将军卫尉。

这年秋天，羌族首领先零等部落斩杀了先零大豪犹非、杨玉等人，不少部落首领率众投降。汉朝予以安抚，诏令推举可以任护羌校尉之人，当时赵充国已病，四府推举辛武贤弟弟辛汤。赵充国立即起奏：“辛汤喜好饮酒，不可能降服蛮夷，他不如他的哥哥能担此大任。”这时辛汤已官拜受节，五府还一再推举辛汤，皇帝听了赵充国的建议，确实没有重用他。

赵充国撤回朝廷后要求退休，回了家。朝廷议论“四夷”问题，还常常当当参谋。甘露二年去世，终年86岁，谥号壮侯。赵充国以功德与霍光等列，绘制画像于未央宫。成帝追念赵充国的功德，曾召黄门侍郎扬雄称颂他的功绩。扬雄有“在汉中兴，充国作武”的颂词，歌颂赵充国在西汉中兴中的武功。

【专家品析】

赵充国善于治军，爱护士兵。行必有备，止必坚营，战必先谋，稳扎稳打。在平叛战事中，他坚决采取招抚与打击相结合、分化瓦解、集中打击顽固者的方针，能和平解决的，决不诉诸武力，这完全符合孙子兵法：“百战百胜非善之善者也；不战而屈人之兵，善之善者也。”

尤为难能可贵的是，当时他的主张受到朝廷大臣和宣帝的一致反对，但他无所畏惧，反复上书说明这一方针的正确性和必要性，终于被宣帝和大多数朝臣所接受；其次，他的留兵屯田之策确为深谋远虑之举，不仅在当时具有战略意义，而且对后世也有深远影响，因此他不仅是一代名将，而且是享有盛誉的军事家。

【军事成就】

赵充国是一位能骑善射骁勇多谋的军事家，在当时屯田政策上做出了卓越贡献。为人沉着勇敢，有远见深谋。

赵充国行军是以远出侦察为主，并随时作好战斗准备。宿营时加强营垒防御，稳扎稳打，计划不周全不作战。爱护士卒，战则必胜。

㉒ 光武中兴功勋将，云台榜上有其名（冯异·东汉）

【生平简介】

姓名：冯异。

字：公孙。

出生地：颍川父城（今河南宝丰东）。

生卒年：？—34年。

身份：军事家。

主要成就：为光武刘秀统一关西，发挥了关键作用。

【名家推介】

冯异（？—34），字公孙，汉族，颍川父城（今河南宝丰东）人。东汉开国名将，“云台二十八将”之一。

赤眉自关中东归，东汉政权面临严重威胁，光武帝果断以冯异取代邓禹，主持征西军事。冯异在邓禹诸军惨败之后，带兵一举击溃赤眉大军，为光武统一关西，发挥了关键作用。冯异为人低调，居功不傲，人称“大树将军”。

【名家故事】

王莽新朝末期，群雄并起，天下大乱。反莽武装共同拥戴西汉皇族刘玄为帝，为汉更始帝。冯异此时正以郡掾的身份替王莽监管五县，与县城的长官苗萌共守县城。

刘秀奉更始皇帝之命率兵攻打这个县城，遭到冯异与苗萌的顽强抵抗。傍晚，刘秀的部下抓到一个微服探营的人，以为是奸细，正准备杀掉。刘秀听说亲自审问，一问才知道原来是外出巡察的冯异。冯异一见刘秀，顿时被刘秀的气度与风采折服，表示自己的老母还在城中，如果被释放回城，愿将所监五城奉献以报义释的恩德。英雄之间惺惺相惜，刘秀也给予了冯异极大的信任，当即释放他回到父城。

冯异回去后对苗萌说：“如今英雄壮士起兵的不少，但是多是暴虐蛮横之徒，只有刘将军所到之处从不掳掠，秋毫无犯。我看他的言语举止，绝非平常之人，我们可以投靠他建功立业。”此后，刘秀率部回宛城复命，更始帝派其他将军来攻父城者前后有十余人，冯异都坚守不降。不久，刘秀率部经过父城，冯异打开城门迎接刘秀，刘秀非常高兴，当即任命冯异为主簿，苗萌为从事。从此，冯异成为刘秀的重要谋士和得力战将。

跟随刘秀二年后，刘秀见冯异有大将之才，就将部队分出一部分让他带领。不久，因他征战有功，被封为应侯。在刘秀麾下的将军之中，冯异治军有方，爱护士卒，深得部属拥戴，因此，士兵都愿意在他的部下作战。

有趣的是，作为一员大智大勇、战功赫赫的名将，冯异最为后人称道的却是两顿饭。刘秀初到河北之时，河北几乎已落入他人之手。刘秀北上，即遭到通缉，一路奔波，饥寒交迫。某日，他们来到河北饶阳芜蒌亭时，天气寒冷，北风凛冽。冯异到附近的村子里要饭，给刘秀弄来了一碗豆粥。刘秀一口气喝下，顿觉甘美无比，第二天，刘秀还在回味那碗豆粥。当走到滹沱河边时，忽遇大风暴雨，幸好河边有几间屋子，一行人便进去避雨。屋中有炉灶，冯异便抱来柴薪，邓禹生好炉子，让刘秀对着炉火烘干被淋湿的衣服。不一会儿，冯异从房子里找到了一点麦子和一些蔬菜，给刘秀做了一碗菟肩麦饭。对于这一段君臣的患难经历，刘秀一直念念不忘。登基之后，刘秀还专门给冯异写信说：“我时时记着当年将军在芜蒌亭端给我的豆粥，在滹沱河递给我的麦饭，这些深情厚意，我至今还未报答呢！”从此，冯异和刘秀成为患难之交。

建武三年，冯异与赤眉军对峙在华阴，赤眉佯败，在回奚重挫冯军。冯异败回营寨后，重召散兵，派人混入赤眉，然后内外夹攻，在崤底的黾池大破赤眉。之后冯异又率部打败延岑等军阀势力，占领关中地区。冯异在关中三年，威望日著，于是便有人上书刘秀，说冯异在关中权势过重，号称“咸阳王”，将不利于汉室。刘秀特意派人将奏疏送给冯异看，还下诏安慰冯异说：“将军对于国家，义为君臣，恩犹父子。何嫌何疑，而有惧意？”建武六年正月，冯异入京朝见刘秀。刘秀数次宴请冯异，并指着他向满朝公卿大臣说：“这便是我起兵时的主簿，曾为我在创业的道路上劈开丛生的荆棘，扫除重重障碍，又为我平定了关中之地！”——这就是成语“披荆斩棘”的由来。

在刘秀诸将中，冯异总是能够保持头脑的冷静，深得刘秀赏识。而冯异也不负刘秀厚望，在刘秀创业过程中，最重要的三步棋全都是在冯异的帮助下完成的。第一步，韬光养晦。王莽地皇四年六月，刘秀的哥哥被更始帝杀死。在一人有罪全家株连的古代，刘秀被更始帝疑忌自在情理之中，刘秀深知处境险恶，只能暗忍悲痛，强作欢颜。当时刘秀的部将朱佑、臧宫等都要杀更始帝。只有冯异单独前去安慰刘秀，说：“现在更始帝诸将纵横暴虐，百姓失望，无所依戴，您需要在恩德方面多下些功夫。因为有桀纣淫乱，才可看出汤武的功绩；人久饥渴，易为充饱。”这一席话，不仅指出了刘秀得以自保的正确道路，而且最终使刘秀自立门户、建立帝业，犹如韩信的汉中对、诸葛亮的隆中对，作用特别大。第二步，巡行河北。更始帝几次想派刘秀巡行河北，大臣们都不同意。当时曹竟为左丞相，他的儿子曹诩任尚书，父子把握朝堂。冯异劝刘秀跟他们深交结纳，由于曹氏父子力劝，更始帝命刘秀持节渡河，镇抚河北各郡。刘秀一到河北，便派冯异和铫期安抚各个属县。冯异等所到之处，释放囚徒，抚恤鳏寡，还逐一了解河北的地方官员，暗中考察他们是不是愿意归附，然后把名单上报给刘秀，河北诸郡最终成了刘秀的根据地。第三步，黄袍加身。公元25年，刘秀手里的地盘已经很多，将领们纷纷劝他速登帝位。刘秀心中没底，便对冯异说：“昨夜，我梦见乘赤龙上天，醒来后，心中很害怕。”冯异一听，忙下席拜道：“这是天命感召，托梦于大王。大王感到害怕，是因为大王一贯慎重。”听了这些话，刘秀放心继位，改元建武。

冯异治军严明，谋定后动，赏罚有度，政治眼光与战略战术均高出

“云台二十八将”中的其他将领一筹。同时他为人谦逊，从不居功自傲，军中很多下级军官都愿意去“大树将军”手下效劳。冯异英年早逝，使刘秀失去了一位独当一面、智勇双全的大将，令人惋惜。五百年后，著名文学家庾信还叹息道：“将军一去，大树飘零。”

【专家品析】

冯异出身儒生，曾为郡吏，又通晓《孙子兵法》，既有文才，也擅长武略，战功卓著，在云台二十八将中名列前茅；并且他为人谦恭，居功不傲，可谓难能可贵；他作战勇敢，常为先驱，善用谋略，料敌决胜，治军严明；东汉创业，其功至巨。同时他为人谦退，从不居功自傲，堪称为一代良将。

【军事成就】

他作战勇敢，常为先驱，善用谋略，料敌决胜，东汉创业，其功甚伟。尤其是冯异平赤眉、定关中之功，深得汉光武帝刘秀的信任。

周瑜

㉓ 烈火初张照云海，周郎曾此破曹公（周瑜•三国）

【生平简介】

姓名：周瑜。

字：公瑾。

出生地：庐江郡舒县（今安徽庐江西南）。

生卒年：公元175—210年。

身份：将军、南郡太守。

主要成就：赤壁之战时率领孙刘联军大败曹操。

【名家推介】

周瑜（公元175—210），字公瑾，汉族，庐江舒县（今安徽省庐江县西南）人。东汉末年东吴名将，因其相貌英俊而有“周郎”之称。

他是三国著名军事家、战略家。公元208年，孙、刘联军在周瑜的指挥下，于赤壁用火攻击败曹操的军队，以四万兵力大败曹操二十万大军，以少胜多粉碎了曹操的霸业，为三足鼎立奠定了基础。公元210年，周瑜因病去世，年仅36岁。

【名家故事】

周瑜出身士族，相貌俊美，志向远大，与孙策是挚友。孙坚死后，孙策继承父志，统率部卒。周瑜的父亲周尚当时为丹阳太守，周瑜去看望父亲，当时孙策兵入历阳，将要东渡，写信给周瑜，周瑜率兵迎接孙策，给他以大力支持，孙策十分喜悦。

于是两人协同作战，先克横江、当利，接着挥师渡江，进攻秣陵，打败了笮融、薛礼，转而攻占湖孰、江乘，进入阿曲，逼走刘繇，孙策和周瑜的部众已发展到几万人。

不久，袁术派其堂弟袁胤取代周尚任丹阳太守，周瑜随父亲周尚到了寿春，袁术发现周瑜有才，想收罗周瑜为已用，周瑜看出袁术最终不会有什么成就，所以只请求做居巢县长，欲借机返回江东，袁术同意了周瑜的请求。

建安三年，周瑜从居巢回到吴郡，孙策听说周瑜归来，亲自出迎，授周瑜建威中郎将。不久，孙策欲取荆州，拜周瑜为中护军，兼任江夏太守。周瑜、孙策攻破皖城，得到乔公两个女儿，都国色天姿，孙策自娶大乔，周瑜娶小乔。

建安五年四月，孙策遇刺身亡，时年26岁，临终把军国大事托付孙权。当时孙权只有会稽、吴郡、丹阳、豫章、庐陵数郡，天下英雄豪杰散在东南各个州郡，他们只注意个人安危，并未和孙氏建立起君臣之间相互依赖的关系。关键时刻，首先出面支持孙权的是张昭、周瑜、吕范、程普等人，周瑜从外地带兵前来奔丧，留在吴郡孙权身边任中护军，他握有重兵，以君臣之礼对待孙权，同长史张昭共同掌管军政大事。

曹操在官渡之战打败袁绍后，兵威日盛，于建安七年，下书责令孙权，让他把儿子送到自己这里来做人质。孙权也是人英，当然不愿如此受制于人，便召集群臣商量，臣下众说纷纭，孙权犹豫再三，不能决断。

孙权本意虽不想送人质，但由于没有得到强有力的支持，也有点举棋不定。于是，他只带周瑜一人到母亲面前议定此事，周瑜立场坚定，坚决反对送人质，并对孙权陈述利害，孙权的母亲也极力赞同周瑜的意见，于是，孙权断然拒绝了曹操。

建安十三年春，孙权进兵江夏，周瑜为前部大督都，打败了盘踞在那里的黄祖。曹操恐怕孙权占了先手，同年九月，曹操大举挥师南下。当时刘表已经病死，刘琮不战而投降了曹操。刘备力孤，无法与曹操争衡，率众南逃，曹操顺利占领荆州，骄横益甚，扬言要顺流而下，席卷江东，面对这种形势，东吴的谋臣将士十分惊恐。孙权召集他们商讨对策，以张昭为首的大部分人都认为应该“迎曹”，只有鲁肃等少数人力主“抗曹”，然而不足以扭转局势，鲁肃建议孙权把周瑜从外地召回，周瑜回来后，和鲁肃等人力主抗曹，于是，赤壁之战拉开了帷幕。

十二月，周瑜率领军队在樊口与刘备军会合。然后两军逆水而上，行至赤壁，与正在渡江的曹军相遇，曹军当时正遭瘟疫流行，而新编水军及新投降的荆州水军难以合作，士气明显不足，因此初战被周瑜水军打败。曹操不得不把水军与陆军会合，把战船靠到北岸乌林一侧，操练水军，等待良机。周瑜则把战船停靠南岸赤壁一侧，隔着长江与曹军对峙。当时曹操因为北方士卒不习惯坐船，于是将舰船首尾连接起来，人马在船上如履平地。周瑜部将黄盖于是建议周瑜火攻，周瑜采纳了黄盖的计策，并让黄盖向曹操写信诈降，以接近曹操战船，黄盖于是准备了十艘轻便的战船，满载薪草膏油，外面做好伪装，上插旌旗龙幡。当时东南风急，十艘船在江中顺风向前，黄盖手拿火把，使众兵齐声大叫："我是来投降的！"曹军官兵毫无戒备，在距离曹军二里左右时，黄盖命令点燃柴草，同时发火，火烈风猛，船飞驰如箭，于是，曹操的战船大多数都起了火，风借火势，火借风威，很快波及岸上各营。顷刻之间，曹军人马烧、溺死者无数。在对岸的孙刘联军横渡长江，趁乱大败曹军。曹操见败局已无法挽回，当即自焚剩下的战船，引军沿华容小道，向江陵方向退却，周瑜、刘备军队水陆并进，一直尾随追击。此战中曹军伤亡过半，曹操回到江陵后，恐怕赤壁失利而使后方政权不稳，立即撤兵回到北方，留曹仁、徐晃等继续留守南郡，而后委任乐进守襄阳、满宠代理奋威将军，屯于当阳。孙刘联军取得了赤壁之战的全面胜利。

周瑜回江陵，想继续屯兵练兵，以抗拒曹操，不料半途染病，再加箭伤未痊愈，不幸死于巴丘，享年36岁。周瑜死后，孙权穿上丧服为他举哀，感动左右，周瑜的灵柩运回吴郡时，孙权到芜湖亲迎，各项丧葬费用，全由国家支付。

【专家品析】

赤壁之战，让曹操统一中国的进程遭到严重挫折，使三足鼎立的局面初露端倪。周瑜凭借此战声威大震，名扬天下。周瑜一生心胸开阔，以德服人，待人谦恭有礼。至于后人说周瑜气量狭小，忌贤妒能，被人气死，则纯是小说作者一家之言，不足为信。

赤壁之战，周瑜表现出他是富有远见的政治家、军事家、战略家眼光，他力排众议促成孙、刘联合抗曹联盟的形成过程，谱写了“火烧赤壁”辉煌的篇章。赤壁之战对于当时历史的发展具有很深远的影响，它使得曹操的势力得到控制，孙权的东吴势力得到巩固，刘备乘机得到了立足之地，并日益壮大起来。周瑜所指挥的赤壁之战是三国鼎立局面形成的历史开端。

【军事成就】

周瑜相貌俊美，多谋善断，精于军略，为人性度恢廓，雅量高致。建安十三年在赤壁之战中打败曹军。后图进中原，不幸于建安十五年十二月病故于巴丘，英年早逝。

24 夷陵石亭两成就，功高无奈保自身（陆逊·三国）

【生平简介】

姓名：陆逊。
别名：陆议、伯言、神君。
出生地：吴郡吴县（今江苏苏州）。
生卒年：公元183—245年。
身份：军事家、政治家。
主要成就：夷陵之战、石亭之战。

【名家推介】

陆逊（公元183—245），本名陆议，字伯言，汉族，吴郡吴县（今江苏苏州）人。三国时期著名政治家、军事家，历任吴国大都督、大将军、丞相。

孙权兄长孙策之婿，世代为江东大族。于公元222年率军与入侵东吴的刘备军作战，以火攻大破刘备蜀军的“猇亭之战”，是中国古代战争史上一次著名防御战的成功战例。后因卷入立嗣之争，力保太子孙和而受孙权责罚，忧愤而死。

【名家故事】

陆逊虽然在早期活动中初露锋芒，但并不甚为人所知，直到建安末年，吴、蜀争夺荆州时，他才脱颖而出，成为吴军一位杰出的后起之秀。

建安二十四年八月，西蜀前将军关羽水淹曹魏七军，生擒主帅左将军于禁，乘胜围攻败退樊城的曹魏征南将军曹仁，魏王曹操采纳丞相司马懿、蒋济的建议，利用刘备拒不归还所借荆州、吴蜀联盟出现破裂的关系，派人劝说东吴孙权抄袭关羽后方，并许诺把江南封给孙权。驻军陆口的东吴大将吕蒙认为，关羽素怀兼并江南的野心，是对东吴的很大威胁，建议孙权趁机消灭关羽，以解除后患，孙权采纳了他的建议。吕蒙极力推荐陆逊，孙权拜36岁的陆逊为偏将军右部督，代替吕蒙统领陆口各军。

陆逊利用关羽骄傲自大的弱点，以卑下的言辞写信吹捧关羽，赞赏他的功德，表示自己对他的仰慕，并且表示绝不与关羽为敌。关羽看信后，甚为轻视陆逊，愈发大意，完全丧失对东吴的警惕，把留守后方用于提防东吴的军队调至前线，全力对付曹操。这时，关羽虽然在前线取得节节胜利，但他的后方却危机四伏。关羽不善团结部下，引起部下的不满。留守江陵、公安的将领糜芳、傅士仁因军资供应不及时，关羽声言要惩治他们，糜芳等不堪忍受，顿生异心，这些情报，陆逊都了如指掌。

陆逊见破蜀时机已经成熟，立即上报孙权，孙权命吕蒙与陆逊分道攻取荆州。吕蒙率军攻打公安、江陵。陆逊则长驱直入，十一月，陆逊率军直下荆州、南郡，宜都太守樊友弃城而逃，其它据点的蜀军也都望风而降。接着，陆逊又派将军李异、谢旌率三千人攻蜀将詹晏、陈凤。李异率水军，谢旌率步兵大破蜀军詹晏，并俘虏了蜀将陈凤，接着率军大破房陵太守邓辅、南乡太守郭睦。秭归大族文布、邓凯等招聚夷兵数千人，企图抵抗吴军。陆逊再次令谢旌攻讨文布、邓凯，二人逃走，陆逊派人前去诱降，文布率众投降。陆逊指挥的吴军所向披靡，势如破竹，占领了秭归枝江、夷道，守住了峡口，堵住了关羽退回西蜀的大门。当关羽得到消息，匆匆忙忙从樊城撤军的时候，公安、江陵已经被糜芳献给了吴军。蜀军进退维谷，走投无路，疲于奔命，军心动摇。关羽只得领兵退守麦城，十二月，关羽率少数骑兵从麦城突围逃窜，被吴将擒获斩首。

蜀章武元年，刘备欲为关羽报仇夺回荆州，刘备不顾诸葛亮、赵云等群臣劝谏，决意伐吴，命驻阆中的车骑将军张飞率部前往江州与主力会合，张飞却为部将刺杀。七月，刘备令丞相诸葛亮留守成都，上将赵云在江州为后军都督，亲统大军沿江东进。

孙权于是任命陆逊为大都督，统率五万吴军抗拒蜀军。不久，刘备派前军围攻驻守夷道的孙桓，吴军诸将请求陆逊派兵增援，陆逊知夷道城坚粮足，有意让其牵制蜀军，而坚持不予分兵。当蜀军频繁挑战，吴将都急欲迎击时，陆逊耐心劝止，坚守不出，欲使蜀军劳师疲惫。诸将不解，以为陆逊畏敌，各怀愤恨。有些老将和贵族出身的将领不服约束，陆逊则绳之军纪，严加制止。

两军相持半年之久，时至盛夏暑热，蜀军无法急战速胜，士兵疲惫不堪。蜀水军又奉命移驻陆上，失去水陆两军相互策应的主动权。蜀军深入敌国腹地，延绵数百里连营结寨，因战线过长，运转补给发生困难。

六月，陆逊上书孙权，决定适时转入反攻，命令将士持草一束，先以火攻破一蜀营，接着号令诸军趁势发起进攻，迫使刘备西退。蜀将张南从夷道北撤，被朱然、孙桓南北夹击战死。陆逊命水军封锁长江，孙桓扼守夷道，将蜀军分割于大江东西，于是被各个击破。吴军继续施行火攻，火烧蜀军连营四十余寨，蜀军死伤惨重，蜀将杜路、刘宁投降，都督冯习及沙摩柯被杀。刘备败退至马鞍山，依险据守。陆逊集中兵力，四面围攻，蜀军土崩瓦解，被歼数万。刘备趁夜突出重围，后卫将军傅彤战死。刘备逃奔秭归，令在险道上焚烧铙铠，以阻塞吴追兵道路，蜀军损失之大，大败而归。

吴军获胜后，诸将这才对陆逊大为佩服。孙权加拜陆逊为辅国将军，领荆州牧，并改封为江陵侯。

不久，陆逊卷入孙权两子——太子孙和与鲁王孙霸的斗争，陆逊站在太子一边，孙权听信谗言，有废黜太子之意。陆逊屡次上疏陈述嫡庶之分，他还要求到建业当面申述自己的意见，因而得罪了孙权。陆逊忧伤过度，于赤乌八年二月含恨而亡，终年63岁。

【专家品析】

夷陵之战，是中国历史上后发制人、疲敌制胜的著名战例。作为吴军主帅的陆逊统观两军主客观态势，确定诱敌深入，集中兵力，后发制人，相机破敌的战略。并充分利用地势及天候等有利条件，巧施火攻，一举击败蜀军。大获全胜后，又适时停止追击，使曹魏无隙可乘，战略全局运筹周密，堪称用兵奇略。

陆逊是东吴继周瑜、鲁肃、吕蒙之后的又一个声望颇高、功绩卓著的将领。他智勇兼备，武能安邦，文能治国，并且品质高尚。陆逊并非“一介武夫”，堪称是一个文武兼备的政治家、军事家。

【军事成就】

陆逊的军事才能主要表现在他足智多谋善于用兵。夷陵之战陆逊根据敌强我弱的实际情况，采取了诱敌深入、疲敌师志的战略方针。从指挥艺术上说，作为一军之帅，陆逊的确是善于审时度势，做到了知己知彼，能准确捕捉战机，出奇制胜。

㉕ 魏蜀将领两对峙，功勋奇建破成都（邓艾·三国）

【生平简介】

姓名：邓艾。

字：士载。

出生地：义阳棘阳（今河南新野）。

生卒年：公元197—264年。

身份：太尉。

主要成就：与蜀汉将领姜维多次对峙、在魏灭蜀之战中攻破成都。

【名家推介】

邓艾（公元197—264），字士载，义阳棘阳（今河南新野）人。三国时期魏国杰出的军事家、将领。后因遭到钟会的污蔑和陷害，被司马昭猜忌而被收押，最后与其子邓忠一起被卫瓘派遣的武将田续所杀害。

【名家故事】

公元263年8月，十八万魏军分三路南下。西路军由邓艾所率的三万多人，出狄道向甘松、沓中直接进攻姜维；中路军由诸葛绪率三万多人马，自祁山向武街、阴平之桥头切断姜维后路；而东路军由钟会率主力十余万人，再分三路分别从斜谷、骆谷、子午谷进军汉中。

刘禅闻讯后，忙命廖化增援姜维，派张翼和董厥到阳平关防守钟会。9月，魏军正式全面发动攻势，刘禅却不等援军到达，就命汉中的蜀军撤退，令魏国东路军长驱直入。钟会亲自带兵进攻阳平关，再派李辅攻乐城的王含，荀恺攻汉城的蒋斌，刘钦出子午谷与主力会师。阳平关守将傅佥想开门迎敌，可是部将蒋舒却建议坚守阳平关，傅佥不听，蒋舒因而投降，傅佥气愤苦战而死。魏军进占阳平关后，乐城与汉城也不攻自破，东路军继续长驱直入，直逼剑阁。

西路军也同时展开攻势，邓艾命王颀、牵弘、杨趋分别从东、西、北三面进攻沓中，不过姜维因获悉魏军已进入汉中的消息，担心阳安关失守，剑阁孤立而危险，便不作抵抗，且战且退，希望尽快赶到剑阁援助。但魏国中路军已从祁山进达阴平关的桥头，切断了姜维的退路。姜维为引开魏军，便率军从孔函谷绕到诸葛绪后方，诸葛绪怕自己的后路被切断，慌忙后退三十里，姜维趁机立即回头越过阴平关桥头。当诸葛绪察觉自己上当时，蜀军已远远离去，追赶不及。姜维从桥头至阴平，一路向南撤，途中与正在北上的廖化、张翼、董厥等蜀国援军会合。当时阳平关丢失，蜀军唯有退守剑阁，抵抗魏军。

邓艾率军抵达阴平，他挑选精兵，想与诸葛绪联合经江油避开剑阁，直取成都。但诸葛绪以自己只受命攻击姜维，不可自作主张为由，拒绝邓艾联军之议，率军东去与钟会军会合。

钟会率军进军剑阁，剑阁地形险峻，道小谷深，易守难攻，姜维利用这种有利于防守的地形，在此列营守险，而刘禅也派人向东吴求救，吴国派出丁封、孙异等解救蜀危。钟会屡攻不下，但剑阁又是通往成都的主要通道，不能放弃，加上魏军粮食不继，钟会军心开始动摇，众人都担心前功尽废。

此时，邓艾认为该“攻其无备，出其不意。”向钟会建议从阴平抄小道到达涪城，这样姜维若从剑阁来援，则可取剑阁，若蜀军不来救，便可切断姜维后路，也可直接威胁成都。这条计策被接纳，并决定由邓艾执行这个军事行动。邓艾以三万多的人马从阴平出发，沿途高山险阻，人迹罕至，十分艰难，不过也因如此，蜀国没有在此设防。10月，邓艾率军自阴平小道，走了七百多公里了无人烟的山地，一路凿山造桥，面对不能开道、绝险之地，邓艾身先士卒，用毯子裹着自己的身体，顺着斜坡而下，攀缘悬崖，一路艰难行进，魏军终于通过了阴平险道，到达江油。蜀江油守将马邈见魏军突然出现，不战而降，邓艾率魏军乘胜进攻涪城。

江油失守后，刘禅派诸葛瞻阻击邓艾，诸葛瞻督军到涪城遇魏军发生战斗，邓艾大败诸葛瞻前锋，诸葛瞻被迫退守绵竹。邓艾遣使致书诸葛瞻劝降说："你若投降就要你来当琅玡王。"诸葛瞻怒斩使者。邓艾立即派其子邓忠及师纂等，从左右两面进攻蜀军，魏军失利，邓艾大怒，扬言要斩邓忠、师纂，命二人再战以将功补过。结果二人大破蜀军，斩杀诸葛瞻和张遵等人，魏军进占绵竹，随即进军成都。

当时蜀国兵多在剑阁，而成都兵力很少。当蜀国君臣听到魏军到来时，全都惊慌失措。有人建议先逃向南中地区，也有人建议东投孙吴，其中也有力主投降魏国的，群臣大多附和这个提议。11月，刘禅接受这个意见，开城降魏，魏军占领成都，同时遣使令姜维等投降。

邓艾率军进入成都，刘禅率领太子、诸王、群臣六十多人绑住自己、抬棺到军营拜见。邓艾手执符节，解开绑缚，焚烧棺材，接受投降，并宽恕了他们。邓艾约束部众，进城后，没有发生抢掠。他安抚投降的人员，使他们复任旧业，受到蜀人的拥护。

【专家品析】

邓艾治军与将士们同甘共苦，在作战中又能身先士卒。阴平道上，他以毡自裹，推转而下。正因为他能处处作出表率，部队才上下相感，莫不尽力，取得一系列的胜利。

邓艾趁两军主力相持之际，率偏师出奇兵，进行大纵深迂回穿插，绕过蜀军的正面防御，直捣蜀都成都，创造了中国战争史上著名的奇袭战例。魏灭蜀之战，是结束自东汉末年以来分裂局面，重新实现中国统一的重要步骤。灭蜀之战，邓艾功不可没。

【军事成就】

邓艾是三国末期最为杰出的军事家，其才能可比诸葛亮与司马懿。邓艾在战争中目光远大，见解超人，具有难得的战略头脑。作战中料敌先机，始终能掌握战场的主动权，在与姜维的数次交战中未尝败绩。其偷渡阴平一役，堪称中国战争史上历次入川作战中最出色的一次，已作为军事史上的杰作而载入史册。

26 人事代谢羊公碑，古往今来泪沾襟（羊祜·西晋）

【生平简介】

姓名：羊祜。
字：叔子。
出生地：泰山郡南城县（今山东费县西南）。
生卒年：公元221—278年。
身份：政治家、军事家、文学家。
主要成就：帮助西晋开国，为元勋。

【名家推介】

羊祜（公元221—278），字叔子，青州泰山人（今山东新泰羊流），西晋著名的战略家、军事家和政治家。羊祜在武帝时任征南大将军，历任中军将军、尚书右仆射、卫将军、车骑将军、平南将军等。

羊祜曾坐镇襄阳都督荆州各项军事，做好了伐吴的军事和物质准备，利用怀柔之计瓦解了东吴军民的抵抗决心。他为人谦恭礼让，一生清廉俭朴，仁德之名流传后世。他一生鞠躬尽瘁，为西晋统一全国做出了杰出的贡献。

【名家故事】

羊祜早年丧父，青年时博学多才，曹魏末年，被文帝召见并封为大将军，后官拜中部侍郎，后曾任关中侯、秘书监、相国从事中郎，中领军悉统宿卫等职，参与司马昭军国机密大事的决断。

晋武帝司马炎继位后，因羊祜辅佐有功，被授为中军将军、加散骑常侍。泰始五年，晋武帝与他策划灭吴，以尚书左仆射都督荆州各项军事，坐镇襄阳。在治理襄阳十年期间，他广泛开设乡村学校，治理地方秩序，大量屯田，储备军粮，为灭吴作了充分准备。

他针对当时“军无百日之粮”的窘迫状况，号召士兵屯田开荒八百余亩，几年之内积存了供十年用的军粮，既减轻了人民的负担，又充实了军用物资。他开设学馆，重视教化，关心民众，得到江汉民众的极大拥护。他常身着便服，带少数随从了解下属情况，与士兵共甘苦，深得士兵爱戴。羊祜对东吴官吏实行安抚政策，对来降吴国人员予以奖励，并来去自便。有一次，部下抓了两个牧童作为俘虏献上来，羊祜了解情况后，派专人把两个牧童送到吴地父母处，牧童全家感激涕零，到处称颂羊祜恩德。在两军交战中，吴将邓香侵犯夏口被活捉，羊祜开导一番后就把他放了回去，不久，邓香率部来降，吴将陈尚、韩景较顽固，屡犯边境，羊祜令部下追杀斩了他们俩人，然后又厚礼殡葬，陈、韩子弟来迎丧，羊祜以礼相待。为此，羊祜德声大振，吴国官兵为之心悦诚服，就连与羊祜在边境对峙的吴国将帅陆抗也说：“祜之德量，虽乐毅、诸葛孔明不能过也。”后来羊祜与陆抗互通使节，各保分界，于是边界进一步得到安宁。

咸宁二年，伐吴条件已具备，而且吴将陆抗已病逝，孙吴荆州前线失去唯一能与羊祜抗衡的军事家。而这时，在孙皓高压统治下的吴国境内各种矛盾日益激化，民怨鼎沸，危机四伏。这一切表明西晋灭吴的条件已经成熟，羊祜不失时机地上疏给晋武帝请求伐吴。羊祜上述说："吴主荒淫无道，又非常残暴，已失去民心，趁此机会攻打吴国，吴纵有长江做天险也无济于事，灭吴统一就在眼前了。"

奏疏既上，晋武帝深以为然，但却遭到朝内许多大臣的反对，权臣贾充、荀勖等人的态度尤其激烈，他们提出西北地区的鲜卑人骚乱问题，认为那里尚未平定，不应该同时进行灭吴战争。于是把此事耽搁了，平定叛乱后，他再上疏伐吴时，因朝中多数权臣的反对，又不能实现。羊祜长叹说："天下不如意，永远都是十之七八，故有当断不断，那是遗恨后世的遗憾呀！"

其后，晋武帝因羊祜功大，以泰山郡南武阳、牟、南城、梁父、平阳五县为南城郡，封羊祜为南城侯，官高爵显，但羊祜推辞不受。

八月，羊祜染病，请求入朝，返回洛阳正逢景献皇后羊徽瑜去世，羊祜十分悲痛，病情更加严重，晋武帝下诏，命他抱病入见，并让他乘坐辇车上殿，不必跪拜，备受优礼，羊祜则再一次向司马炎陈述了伐吴的主张。

后来羊祜病重不能入朝，晋武帝专门派中书令张华前去咨询方略，并要求羊祜带病伐吴，羊祜婉言拒绝。十一月羊祜病逝，享年五十八岁，并在临终前举荐杜预代替自己的官位。

羊祜死后，举天皆哀，晋武帝亲着丧服痛哭，时值寒冬，武帝的泪水流到鬓须上都结成了冰。荆州百姓在集市之日听说羊祜的死讯，罢市痛哭，街巷悲声相属，连绵不断；吴国守边将士也为之落泪。

羊祜的仁德流芳后世，襄阳的百姓为纪念他特地在羊祜生前喜欢游憩的岘山上刻下石碑，建立庙宇，按时祭祀，由于人们一看见石碑就会忍不住伤心落泪，杜预因此称之为"堕泪碑"。

羊祜临终前，对子女所嘱两件事：一是嘱咐亲人不得将他的官印入柩；二不得修陵寝，只求和他的父母葬在一起。羊祜死后，堂弟羊琇按照他的意愿，把他葬于故里祖墓之侧。晋武帝念其功高，且赐给离城十里外近陵葬地一顷，追赠侍中、太傅。因此，羊祜归葬新泰故里的遗愿没有实现。

羊祜死后二年，杜预按羊祜生前的军事部署一举灭吴，完成了祖国统一大业，当满朝文武欢聚庆贺的时候，武帝手举酒杯，流着眼泪说："此羊太傅之功也！"

【专家品析】

在三国后期出场的西晋名将羊祜，其智慧才华是诸葛亮、司马懿、陆逊都无法与之抗衡的，虽然在他死后二年西晋才完成统一中国的大业，但当捷报传到京城，普天同庆时，晋帝司马炎忽然痛哭流涕地说："这是羊太傅的功劳，可惜他不能亲眼目睹了！"

羊祜一生虽身居高位，但立身清俭，他的不朽业绩和高尚的品格将永远受到世人传颂。羊祜生前有很多著述，受命修撰《晋礼》、《晋律》，对晋朝典制创立多有贡献。晋灭吴的战争结束了汉末以来长期的分裂割据状态，使中国重归一统。羊祜虽然没有亲自参加这次战争，但他为规划、准备这场战争作出了不可磨灭的贡献。

【军事成就】

羊祜的《请伐吴疏》是上奏伐吴的奏疏，是一篇重要的文献。全文选摘如下：先帝顺天应时，西平巴蜀，南和吴会，海内得以休息，兆庶有乐安之心。而吴复背信，使边事更兴。夫期运虽天所授，而功业必由人而成，不一大举扫灭，则役无时得安。亦所以隆先帝之勋，成无为之化也。故尧有丹水之伐，舜有三苗之征，咸以宁静宇宙，戢兵和众者也……

㉗ 投身戎旅建军功，忠顺勤劳似孔明（陶侃·东晋）

【生平简介】

姓名：陶侃。

字：士行。

出生地：鄱阳（今江西鄱阳）。

生卒年：公元259—334年。

身份：军事家。

主要成就：在稳定东晋初年动荡不安的政局上，颇有建树。

【名家推介】

陶侃（公元259—334），字士行，汉族，本为鄱阳（今江西鄱阳）人。中国东晋时期名将，大司马，是我国晋代著名诗人陶渊明的曾祖父。

他一生战绩辉煌，在讨伐流民起义、苏峻叛乱，维护东晋政权稳固中起到了巨大作用。他治军有方，用兵有谋，处事机密，是东晋政权中少有的英明将帅。

【名家故事】

八王之乱引起江南动荡不安的局势，为陶侃施展才干提供了机遇。西晋末年，秦、雍一带的人民因天灾和战乱，大量流徙，流民因不堪当地官吏欺压而聚众起义。太安二年，张昌聚众在江夏起义，起义军发展到了三万，引起朝廷的不安。朝廷派南蛮校尉、荆州刺史刘弘率领军队前去镇压，刘弘上任，即以陶侃为南蛮长史，命他为先锋开赴襄阳讨伐张昌。

陶侃率军进驻襄阳，连战皆捷，终将这次起义镇压下去。在这个过程中，陶侃在军事上显示的才干使刘弘十分感叹，平定张昌叛乱后，陶侃因军功得到赏赐。荆、扬等州出现了一个暂时安定的局面。这时北方的战乱已愈演愈烈，西晋朝廷名存实亡。

太宁三年，陶侃平定王敦之乱后，明帝即用陶侃为都督荆、湘、雍、梁四州军事、荆州刺史。陶侃治荆州，很重视社会秩序的稳定和发展农业生产。平定王敦后，荆州大地饥荒，百姓流离失所，很多人被饿死，当初，羊祜、刘弘在荆州劝课农耕使生产发展，颇得民心，这对陶侃影响不小。陶侃在荆州，没有事的时候总是在早晨把一百块砖运到书房的外边，傍晚又把它们运回书房里，别人问他这样做的缘故，他回答说："我正在致力于收复中原失地，过分的悠闲安逸，唯恐不能承担大事，所以才使自己辛劳罢了。"陶侃生性聪慧敏捷，做人谨慎，为官勤恳，整天严肃端坐，军中府中众多的事情，自上而下去检查管理，没有遗漏，不曾有片刻清闲。招待或送行有理有序，门前没有停留或等待之人。他常对人说："大禹是圣人，还十分珍惜时间，至于普通人则更应该珍惜分分秒秒的时间，怎么能够游乐纵酒呢？活着的时候对人没有益处，死了也不被后人记起，这是自己毁灭自己啊！"有一次，陶侃外出，看见一个人手拿一把未熟稻谷，陶侃问："你拿它做什么？"那人回答："在路上看见的，就随意拿来罢了。"陶侃大怒说："你既不种田，又拿别人的稻子戏耍！"陶侃抓住他鞭打他，自此百姓勤于农事，家中充足。造船的时候，陶侃命人把木屑和竹头都登记后收藏起来，人们都不明白这样做的原因，后来大年初一聚会时，地面积雪，太阳刚放晴，厅堂前积雪，地面还潮湿，陶侃于是用木屑铺撒地面。伐蜀时，又用陶侃保存的竹头作钉装船，可见陶侃综合料理事物极其细密。在他治理下，出现了自南陵到白帝城数千里中，路不拾遗的太平景象，这说明了当时荆州社会较安定，生产得到了极大发展。

平定苏峻之乱中，陶侃以重兵被推为"盟主"，苏峻的士兵，多是北方流民，骁勇善战，庾亮率军进攻，为峻军所败，陶侃没有治庾亮战败之罪，陶侃对庾亮如此宽容，诸将谁不力战，苏峻之乱最后在诸军合作下得以平定。东晋政局危而复安，应该说，陶侃对于促进这一局面的出现还是起了不小的作用。苏峻之乱后，陶侃因功而升为太尉、都督八州军事，封长沙郡公，仍然驻兵荆州。其权力之显赫，在东晋一朝也是屈指可数的。

陶侃在门阀政治下挣扎奋斗几十年，才得以出人头地，但仍为士族们瞧不起。同时，士族们不会允许一个寒门出身的人总揽东晋朝权的，陶侃明白自己的处境，也不敢轻易侵犯士族权益。陶侃晚年位极人臣，能掌握为官的分寸，不争权夺利，对他个人来说，不失为一种明智的选择，这样既可维持他富于天府的家业，又可保住子孙的前途。

他还欲在北伐上有所作为，荆州西临成汉，北接后赵。咸和七年，陶侃派遣毋丘奥经营巴东，又派遣桓宣收复为后赵占据多年的襄阳，襄阳为荆州北门，它起着阻止后赵沿汉水南下的作用，又是东晋经略北方的一个重要阵地，陶侃的愿望是向北发展，因其病重而未能如愿，他的这种不因功名成就而丧失进取心的精神，确实难能可贵。

咸和九年六月，陶侃在病中上表，请求辞去官位，遣人将官印节传等送还朝廷，他在离开荆州任所的第二天，竟死在途中的樊溪。时年76岁，根据他的遗嘱，葬在长沙南二十里的地方。

【专家品析】

陶侃是一代名将，在东晋的建立过程中，在稳定东晋初年动荡不安的政局上，颇有建树。他虽出身贫寒，在西晋风云变幻中，能冲破门阀政治，使寒门入仕成为一种可能，当上东晋炙手可热的荆州刺史，又颇有政绩，是颇具传奇色彩的人物。《晋书》、《世说新语》等史书中，记载着不少有关他的遗闻逸事。

陶侃一生中做事颇为缜密细致，勤于调查，所以他的才干颇为当时人所称道。陶侃的才略，特别在当时士族居官不屑理事的风气下，能勤于吏职，在东晋官吏中是极少见的。

【军事成就】

陶侃的一生前人用“机神明鉴、清廉勤政”八个字来概括。所到之处，简刑罚，劝课农桑，使百姓能安居乐业；勤俭节约，反腐倡廉，惩治贪官懒吏，深受将士和百姓的爱戴；他居安思危，教育他的部下，要珍惜光阴，爱护百姓，而且能以身作则。

28 剿灭成汉收复蜀，率军三次北伐征（桓温·东晋）

【生平简介】

姓名：桓温。
别名：桓符子、桓公。
出生地：谯国龙亢（今安徽怀远）。
生卒年：公元312—373年。
身份：政治家、军事家。
主要成就：剿灭成汉、收复蜀地；率军三次北伐。

【名家推介】

桓温（公元312—373），字元子，汉族，谯国龙亢（今安徽省怀远县西龙亢镇）人。他历任东晋徐州刺史、荆州刺史、江州刺史、扬州刺史、征西将军、都督天下军事、大司马等职。

他一生在军事上的主要成就有：攻灭成汉，收复蜀地；三次北伐，战功累累，威名赫赫。他所取得的成就是同时代其他人无法能比拟的，但桓温只把北伐作为提高自己声望，进而成为他篡夺权位的手段，导致了他一生功亏一篑。

【名家故事】

公元345年十一月，桓温出兵伐蜀，派袁乔率二千人为前锋。他上了表就出发，所以朝廷虽有异议，也无法阻止他了。桓温长驱深入，到347年二月，已经在离成都不远的平原地区上大耀军威了。三月，桓温到了彭模，这里离成都只有两百里。桓温与众将商议进兵方略。有人主张分兵为二，两路挺进。袁乔反对，他说："此刻悬军万里之外，得胜可立大功，败了就全军覆没，必须合兵一处，不可分兵。应当丢掉锅子，只带三天粮草，表示有去无还的决心，全力进攻，必可成功。"桓温依计，只留参军孙盛、周楚带少数军队留守，他自己引兵直取成都。桓温和李权遭遇，三战三胜，汉兵溃散，逃回成都。待桓温进至成都近郊，汉军首领昝坚才发现自己的失误，赶忙回来，但见晋军已逼近成都，自己的军心慌乱，纷纷不战而逃。李势所带领的几支兵都完了，他垂死挣扎，领兵出城，在成都西南迎敌。这是灭汉的决战，也是唯一的一次硬仗。晋军开头打得并不顺利，参军龚护阵亡，汉军的箭射到桓温马前，军心有些动摇。这时，突然鼓声大振，袁乔拔剑指挥，将士誓死力战，于是大获全胜，大军进到成都城下，放火烧毁城门。李势连夜逃往茵萌，他自忖无法再战，只得修了降表，派人送到军前投降，成汉就此灭亡。桓温留驻成都三十天，班师还江陵。李势被送到建康，封归义侯，后来在建康病故。晋军主力撤退后，蜀将隗文、邓定等进入成都，立范长生的儿子范贲做皇帝，到公元349年才完全被平定。

陶侃平定了苏峻的叛乱以后，东晋王朝暂时获得了安定的局面。这时候，北边却乱了起来。后赵国主石虎死了以后，内部发生大乱，后赵大将冉闵称帝，建立了魏国，历史上称为冉魏；鲜卑族贵族慕容皝建立的前燕又灭了冉魏。

公元352年，氐族贵族苻健也乘机占领了关中，建立了前秦。后赵灭亡的时候，东晋的将军桓温向晋穆帝上书，要求带兵北伐。但是东晋王朝内部矛盾很大，晋穆帝表面上提升了桓温的职位，实际上又猜忌他。桓温要求北伐，晋穆帝没有同意，却另派殷浩带兵北伐。殷浩是个只有虚名、没有军事才能的文人。他出兵到洛阳，被羌族人打得大败，死伤了一万多人马，连粮草武器也丢光了。桓温又上了道奏章，要求朝廷把殷浩撤职办罪。晋穆帝没办法，只好把殷浩撤了职，同意桓温带兵北伐。

公元354年，桓温统率晋军四万，从江陵出发，分兵三路，进攻长安。前秦国主苻健派兵五万在峣关抵抗，被晋军打得落花流水。苻健只好带了六千名老弱残兵，逃回长安，挖了深沟坚守。桓温胜利进军到了灞上，长安附近的郡县官员纷纷向晋军投降。桓温发出告示，要百姓安居乐业。百姓欢天喜地，都牵了牛，备了酒，到军营慰劳。自从西晋灭亡以后，北方百姓受尽混战的痛苦。他们看到桓温的晋军，都高兴地流着眼泪说："想不到今天还能够重新见到晋军。"桓温驻兵灞上，想等关中麦子熟了的时候，派兵士抢收麦子，补充军粮。可苻健也厉害，他料到桓温的打算，就把没有成熟的麦子全部割光，叫桓温收不到一粒麦子。桓温的军粮断了，待不下去，只好退兵回来。但是这次北伐毕竟打了一个大胜仗，晋穆帝把他提升为征讨大都督。

公元356年六月，桓温进行第二次北伐，从江陵发兵，向北挺进。八月，桓温挥军渡过伊水，与羌族首领姚襄军二次战于伊水之北，大败姚襄收复洛阳。桓温在洛阳修复西晋历代皇帝的陵墓，又多次建议东晋迁都洛阳。东晋朝廷对桓温的北伐抱消极态度，只求苟安东南，无意北还，桓温只得退兵南归。到公元359年，中原地区被慕容氏的前燕政权所占领。公元363年，桓温被任命为大司马，都督中外诸军事，录尚书事，第二年又兼扬州刺史。桓温身为宰相，又兼荆扬二州刺史，桓温尽揽东晋大权。

公元369年，桓温利用执权之机，发动了第三次北伐，讨伐前燕政权。四月出发，六月到金乡，桓温率水军经运河、清水河进入黄河，一直进军至枋头。前燕王任命慕容垂为大都督，率五万军队前往抵御，将晋军粮道截断。桓温被迫从陆路追击，慕容垂率八千轻骑兵追击，将晋军打得溃不成军，斩晋军三万余，桓温败归后，所收复的淮北土地重又丧失。

桓温长期掌握大权，桓温看到建康的士族中反对他的势力还不小，不敢轻易动手，希望朝廷赐其九锡的愿望也没能实现，兵权由其弟桓冲接掌。不久桓温病死，终年62岁。

【专家品析】

桓温的失败有主客观两方面的原因。从主观上来说，桓温北伐不是真正想收复中原，而是志在立威，企图通过北伐，树立个人威信，伺机取晋室而代之。因此，桓温在作战中务求持重，在大好形势下常常观望不进，贻误战机。用兵贵在多谋善断，相机而动。桓温此多次在大好形势下观望不进，优柔寡断，而且桓温性情骄躁，不听劝谏，这些都使得他的抱负难以实现。

从客观上来说，东晋君臣无意恢复失地，志在割江自保，而桓温权势日增，朝廷对他深怀戒心，因此他北伐得不到真正的支持。无论怎么说，桓温的征伐还是有一定的积极意义，它支持了北方各族人民反抗剥削压迫的斗争，打击了少数族统治者的残暴统治，这是符合当时中原人民愿望的。

【军事成就】

桓温一生活跃在淝水之战前夕，一生以恢复神州、青史留名为人生的终极目标而奋斗，灭亡成汉，三次北伐，镇守西府，为稳定晋朝，做出了重大的贡献。

29 大权握谦如周公，治军纪仁者无敌（慕容恪·东晋）

【生平简介】

姓名：慕容恪。

字：玄恭。

出生地：昌黎棘城(今辽宁义县西北)。

生卒年：公元321—367年。

身份：政治家、军事家。

主要成就：奇袭麻秋、威震高句丽、燕魏相争以铁浮图大败冉闵。

【名家推介】

慕容恪（公元321—367），字玄恭，昌黎棘城(今辽宁义县西北)人，鲜卑族，十六国时期前燕杰出的政治家、军事家、统帅。他和辅义将军阳骛、辅弼将军慕容评，号称“三辅”，又与阳骛、慕容评同为托孤重臣。

慕容恪一生用兵，始终未遭败绩，军事上的成就主要有：奇袭麻秋、威震高句丽、毁灭宇文部、克高丽平扶余、燕魏相争以铁浮图大败冉闵。

【名家故事】

公元338年五月，后赵皇帝石虎和前燕军违约，不会师而独攻段氏，得胜后又发兵数十万北伐前燕，燕国军民大为惊恐，两军相持十余日，赵军不能攻破前燕，于是后退。慕容皝派慕容恪率两千骑兵于清晨出城追杀，石虎见城内大批军队开出，大惊之下弃甲溃逃。慕容恪乘胜追击，大败赵军，斩获石虎大军三万余人。十二月，段氏鲜卑首领段辽派遣使者向后赵请降，中途反悔，又遣使向前燕投降，并与燕合谋设伏，想要消灭赵军。

当时后赵皇帝石虎已派征东将军麻秋、司马阳裕等率兵三万前去受降。前燕王慕容皝自统大军前往迎战段辽，派慕容恪带精骑七千人埋伏于密云山。慕容恪大败麻秋于三藏口，赵军死亡大半，麻秋步行逃脱。

公元341年十月，燕王慕容皝以慕容恪为渡辽将军，镇守平郭。前燕自从慕容仁被杀后，无人能镇守辽东。慕容恪到了平郭，抚旧怀新，屡破高句丽兵，高句丽畏惧慕容恪，从此不敢再入燕境。

公元344年二月，慕容皝亲自带兵攻打宇文逸豆，以建威将军慕容翰为前锋将军，刘佩为副将；命慕容恪与慕容军、慕容霸及折冲将军慕舆根等率兵分三路并进，最终大破宇文军，燕军乘胜追击，攻克宇文氏都城紫蒙川。宇文逸豆败逃，死于漠北，宇文氏从此灭亡。

当时，魏国冉闵已攻克襄国，因此就在常山、中山等地聚集了胡族、羯族一万多人保卫据守，自称为赵帝。夏季，前燕王慕容俊派慕容恪等人率兵攻击魏国，冉闵驻军于安喜，慕容恪率兵攻击，冉闵向常山开进，慕容恪紧追不舍，一直追到魏昌县的廉台。冉闵与前燕兵交战十次，前燕兵全都没有获胜。冉闵历来有勇猛的名声，所统领的士兵精良，前燕人很惧怕他。慕容恪巡视兵阵，对他的将士们说："冉闵有勇无谋，只能以一当一而已！他的士兵饥饿疲惫，武器装备虽然精良，但实际上难以为用，我们不难打败他们！"冉闵因为自己所统领的多是步兵，而前燕全是骑兵，于是就率领兵众向丛林开进。慕容恪的参军高开说："我们骑兵在平坦地域作战有利，如果冉闵进入丛林，就无法再控制他了，应该火速派轻装的骑兵去拦截他，等到交战以后再假装逃跑，诱使他来到平坦地域，然后便能进行攻击了。"慕容恪听从了这一意见。果然魏兵中计，回师追到平坦的地域，慕容恪把军队分为三部分，对将领们说："冉闵生性轻敌，锐气十足，又认为自己兵众较少，一定会拼死与我们作战。我要在中军的阵地上集中优势兵力等着他，等到交战以后，你们从两翼发起攻击，攻无不克。"于是他就选择五千名善于射箭的鲜卑人，用铁链把他们的马匹联结起来，形成方阵，布置在前面。冉闵所骑的骏马名叫朱龙，日行千里，只见他左手持有两刃矛，右手拿着钩戟，用来攻击前燕兵，杀掉了三百多人。当他望见敌方宽大的仪仗旗帜后，知道这便是中军，就径直发起冲击。这时，前燕军的其他两部分从两翼夹击，彻底把冉闵团团围住，冉闵突破重围向东逃窜了二十多里，不巧骏马朱龙突然死亡，冉闵被前燕兵俘获。前燕兵杀掉了魏国仆射刘群，抓到了董闵、张温及冉闵，把他们全都送往蓟城。四月，慕容儁以慕容恪为大司马、侍中、大都督、录尚书事，封太原王。

公元360年正月，慕容儁去世，太子慕容暐继位，年仅11岁。二月，燕国以慕容恪为太宰，执掌朝政。公元361年二月，宁南将军吕护，镇守野王，暗中投靠东晋，东晋以吕护为前将军、冀州刺史。吕护欲引东晋军偷袭燕都邺，未及行动，事情败露，三月，燕王派遣慕容恪统军前往野王平叛。慕容恪率军五万，冠军将军皇甫真领兵一万，进至野王城外，吕护闭城固守。到七月，吕护军被围数月，外无救兵，内无粮草。吕护被迫令部将张兴率领七千人马出城迎战，张兴被傅颜斩杀。当夜，吕护以黄甫真营阵为突围口，率城中锐卒试图突围，皇甫真事先已做好防备，慕容恪领兵从侧翼出击，吕护所部死伤惨重，吕护单骑逃往荥阳，燕军攻克野王。

公元365年二月，慕容恪与吴王慕容垂共攻洛阳，慕容恪夺取洛阳后，随即攻占崤、渑等地，使关中大震，前秦王符坚亲自到陕城防备，不久，慕容恪率军撤回邺城。

公元366年七月十九日，慕容恪病逝，临终前，他向慕容暐推荐慕容垂继承自己的地位。慕容垂在慕容恪去世之后，表现出了卓越的才能，足见当年慕容恪的慧眼识人。

【专家品析】

慕容恪一生都在南征北讨中度过，他所面临的对各个民族和国家的军事战争难度对比，在历史中来看都是难度颇高的。他灭扶余、慑辽东、平内乱、震前秦、抗东晋，慕容世家以“金戈铁马、纵横沙场、辈出英雄”

而著名，那么慕容恪则就是慕容世家血脉创造出来的“战争天才”。不但自己领兵打仗未尝一败，包括他总领的前燕军事，燕国所有的军事行动也是全部获胜。

【军事成就】

慕容恪治军人性化，所以慕容恪一生用兵未遭败绩。不战而屈人之兵，慕容恪成就了兵家最高境界。

30 武威将军有胆略，带兵有方善筹谋（陈庆之·南北朝）

【生平简介】

姓名：陈庆之。

字：子云。

出生地：义兴国山（今江苏省宜兴市）。

生卒年：公元484—539年。

身份：军事家。

主要成就：以七千兵力抵敌五十万大军攻取洛阳。

【名家推介】

陈庆之（公元484—539），字子云，汉族，义兴国山（今中国江苏省宜兴市）人，中国南北朝时期南朝梁将领。

他年少时为梁武帝萧衍随从，后为武威将军，有胆略，善筹谋，带兵有方，深得军心。陈庆之一生征战，常设奇谋，多为以少胜多，而且长于攻城。无论是北伐横扫河洛，还是挥师驰骋边陲，均充分显示他杰出的军事才能，北伐之战，可谓气吞万里如虎。

【名家故事】

北魏后期，大通二年，北魏发生内乱，有实力的纷纷割据，于是元颢以本朝大乱为由投降梁国萧衍，并请梁朝出兵帮助自己称帝。萧衍为元颢的语言迷惑，又有试探北魏的想法，于是以元颢为魏王，以陈庆之为飙勇将军，率兵七千人护送元颢北归洛阳称帝。

其实，元颢也没打算真的打下洛阳，他出兵不久就称帝不走了，封陈庆之为卫将军、徐州刺史、武都公，命他继续督军北上攻荥阳，委任他自行战斗。于是在连绵的春雨之中，陈庆之带领自己直属的区区七千军队，开始了神话一般的北伐之旅。

公元529年四月，陈庆之领兵乘北魏征讨邢杲起义军之际，乘虚攻占荥城。陈庆之攻克荥城后，进军睢阳，七千军队对睢阳七万大军，一比十，而军力多的反而防守，守军连筑了九座营垒抵挡，结果陈庆之一上午就攻陷了其中三座，守将完全失去了斗志，于是举众投降。攻克睢阳之后，陈庆之继续进军洛阳，一路上有不少地方闻风归降。

五月，魏帝元子攸分派部众扼守荥阳、虎牢等地，以保卫京都洛阳。魏军共计三十万人，幻想对梁军进行合围，没想到包围圈刚刚形成，还没来得及进攻，陈庆之已经攻下了七万守军的荥阳。

不久，北魏将元天穆等带二十万援兵围城，其中有十五万是精锐的少数民族骑兵。占领荥阳的陈庆之看到二十余万北魏援军浩浩荡荡压到城下，压根没想守城，率三千精骑背城而战。三千对二十万，双方大部是骑兵。陈庆之三千人全歼北魏二十万援军，鲁安于阵前投降，元天穆、尔朱吐单骑逃跑。陈庆之大概还觉得不过瘾，带着这三千人顺便进军虎牢关，有一万精锐、踞雄关险要的虎牢守将朱世隆不敢战，弃城而逃。此时，陈庆之距离洛阳只有一步，但他没机会打洛阳了，因为洛阳守将直接投降了。元颢于是进入洛阳，元颢改元大赦，然后开始学习其他君主，花天酒地，后又加封陈庆之为侍中、车骑大将军、左光禄大夫，增邑万户。

在接到手下一连串的败阵报告之后，尔朱荣把北魏自己控制之下的几乎全国之兵，号称百万，从北边南下攻打洛阳。洛阳附近的小城在大军重压之下，纷纷反叛。陈庆之在元颢看来虽然功劳盖世，但一开始就没想把答应南梁的条件当回事情的元颢是不可能重用他的。陈庆之自己也清楚得很，主动要求到黄河以北去防守洛阳的门户北中郎城，北魏尔朱荣也执意要和陈庆之分个高下，于是一股劲地攻打陈庆之，三天打了十一仗，七千人的陈庆之部队把上百万的尔朱荣部队打得死伤惨重，尔朱荣简直都绝望之下下令退兵。

这时有个随军的星相学家刘灵助劝尔朱荣不要退兵。尔朱荣也想通了，他拿陈庆之没办法，就去端元颢的老窝。尔朱荣很快把洛阳攻陷，元颢也被杀。陈庆之在北方完全失去了根据地，只得东撤准备回建康。尔朱荣亲自率领大军随后追赶，但这追也不是，不追也不是，因为追远了等于没追，追近了他又不敢，两支军队就这么拖着一直到河南边界一带，陈庆之准备指挥军队过河，但突如其来的山洪无情地冲走了他百战百胜的部队。这是陈庆之一辈子唯一一次有可能死在战场上的机会，但陈庆之装成和尚秘密潜回建康。

同年十二月，梁武帝萧衍以陈庆之为持节、都督缘淮军事、封奋武将军、北兖州刺史。时有妖僧僧强自称天子，土豪蔡伯龙也起兵相应，众至三万，攻陷北徐州。济阴太守杨起文弃城而逃，钟离太守单希宝被害，梁武帝诏令陈庆之前去征讨，并亲自为他饯行。

陈庆之受命而行，不到十二天，便斩蔡伯龙、僧强等叛首。公元530年，梁武帝以陈庆之为四州诸军事首领、南、北司二州刺史，陈庆之到任后，于是派军队包围了悬瓠，大破北魏颍州刺史娄起、又破行台孙腾、大都督侯进、豫州刺史尧雄、梁州刺史司马恭于楚城。陈庆之这时又显示出他作为政治家的卓越才能，陈庆之随即减免了义阳镇的兵役，停止水运补给，使江湘诸州得以休养生息，并开田六千顷，两年之后，粮食充实。公元536年十月，东魏定州刺史侯景率七万人攻打楚州，俘虏楚州刺史桓和，侯景乘胜进军淮上，并写了信劝陈庆之投降，陈庆之迎来了他一生之中最后一战，陈庆之手下当时不到万人，梁帝紧张之至，急调侯退、夏侯夔率所部驰援。刚刚出发不久，军至黎浆，前线传来消息：侯景军队已经被歼灭，陈庆之则收缴敌人的辎重凯旋而还。同年，豫州闹饥荒，陈庆之开仓放粮济灾民，使大部分灾民得以度过饥荒。以李升为首的八百多名豫州百姓请求为陈庆之树碑颂德，梁武帝下诏批准。

公元539年十月，陈庆之去世，时年56岁。梁武帝以他忠于职守，战功卓著，政绩斐然，追赠他为散骑常侍、左卫将军，谥号“武”。

【专家品析】

陈庆之一生征战，常设奇谋，多为以少胜多，而且长于攻城。无论是北伐横扫河洛，或挥师驰骋边陲，均充分显示其杰出的军事才能。北伐之战，可谓气吞万里如虎。

【军事成就】

陈庆之的北伐，行程三千余里，四十七战攻克魏三十二座城池，一往无前，可谓神勇。陈庆之北伐以少破多的战绩，有事实基础，但也略有夸大之处。不过，梳理各种立场的史籍记载，挤干神话中的水分，陈庆之依然不失为一代杰出战将，有他的白袍飘飘，起码我们不会再将亚历山大数万人破波斯百万大军的战绩视为不可复制的传奇。

31 戎马一生兵戈事，后世流传轶事多（李靖•唐）

【生平简介】

姓名：李靖。

字：药师。

出生地：雍州三原（今陕西三原县东北）。

生卒年：公元571—649年。

身份：军事家。

主要成就：出战突厥，生擒颉利可汗，肃清北境，平息吐谷浑。

【名家推介】

李靖（公元571—649），字药师，汉族，雍州三原（今陕西三原县东北）人。隋末唐初将领，是唐朝文武兼备的著名军事家，封卫国公，世称李卫公。

他一生主要战绩有：出战突厥，生擒颉利可汗，肃清北境；平息吐谷浑。他治军、作战积累了一套成功的经验，丰富和发展了我国的军事思想和理论。他著有《李靖六军镜》等多部兵书，后人编辑了《唐太宗李卫公问对》，在北宋时期列入《武经七书》，是古代兵学的代表著作。

【名家故事】

武德八年八月，突厥颉利可汗率十余万人越过石岭，大举进犯太原，唐高祖马上命李靖为行军总管，统率一万多江淮兵驻守太谷，与并州总管任瑰等迎击敌人。由于突厥来势凶猛，诸军迎战大多失利，任瑰全军覆没，只有李靖军得以保全。不久，又调李靖为灵州道行军总管，以抗击东突厥。

贞观四年正月，李靖只带了精锐骑兵三千人从马邑出发，夜袭定襄城。突厥没有料到唐军会在天寒地冻的正月发动进攻，这次奇袭非常成功，定襄被一举攻克，杨政道被俘虏。颉利可汗不知李靖只有三千骑兵，以为唐朝必定以倾国兵力进犯，不然李靖这种大将不会出现，草木皆兵之下，颉利不敢迎战，主动向北撤退。李靖发现了颉利的判断失误，索性就冒充唐军主力的样子在后追击，同时派人恐吓收买突厥各路小诸侯、小可汗，令他们投降唐朝，弄得颉利众叛亲离，身边只剩下几万部队。

颉利可汗眼看已无力与唐朝为敌，于是遣使求和，愿意举国称臣，甚至同意自己亲自到长安朝见，那等于是宣布投降了。李世民准予接纳，派李靖带兵前往“迎接”，又派了大臣唐俭做外交使节去颉利那里“抚慰”他。当时颉利手下还有数万战士，这数万人的忠心是无可怀疑的，其战斗力仍不可忽视，应该还没到穷途末路要主动投降的地步。可能颉利的所谓求和只是一种缓兵之计，不过遗憾的是，颉利的缓兵之计其实要了自己的命，本来唐军在前线只有李靖的三千人，趁着和谈这段时间，唐军的主力在李勣的带领下终于赶到，与李靖汇合了。如果颉利不和谈而继续逃跑，李靖兵少绝对不赶穷追，颉利一和谈，倒把唐军主力给等来了。

二李合兵后，决定利用颉利自以为得计防御懈怠之时，李靖率骑兵趁黑夜攻下定襄，李勣在白道大破突厥。颉利大败，在铁山休兵息马，准备进入漠北。李靖与李勣会师白道，合谋进兵。唐军乘夜出兵，李靖在前，李勣在后。在阴山俘获突厥一千余座大帐。当时唐朝派遣的议和使臣唐俭正在突厥营中，颉利可汗毫无战争准备。唐将苏定方为前锋，李靖率大军随后进发，唐军奋击，突厥兵溃散，被杀死一万余人，俘虏十余万人，缴获牲畜数十万头，颉利可汗乘千里马逃跑，李勣堵截突厥归路，颉利无法北归，各部酋长纷纷率众投降，李勣俘虏五万余人。阴山之战，唐朝大败东突厥。颉利兵败后逃到小可汗苏尼失的居地灵州，苏尼失把颉利押送给唐军，率众投降，突利可汗等纷纷降唐，突厥部落或北附薛延陀，或者投奔西突厥，东突厥灭亡。这一仗全歼了东突厥最后的军事和政治力量，灭亡了东突厥政权。

李靖大军班师回朝后不久，就发生了吐谷浑进犯凉州的事件，朝廷决定兴兵反击。在任命统帅时，唐太宗自然想到了足智多谋、威名震撼边庭的李靖，认为他是最合适的人选，可惜当时这位将军正在有病期间。而这位年逾花甲的老将军一听到朝廷将远征吐谷浑的消息，顿时精神抖擞，他顾不上足疾与年事已高，主动去求见宰相房玄龄，请求挂帅，亲自远征。

李靖奉命赴任，唐军在库山与吐谷浑交战，部将李道宗部大败吐谷浑，唐军首战告捷。李靖亲自率领的北路军进展顺利，又连战告捷。李大亮军于蜀浑山击败吐谷浑军，俘获王爷二十余人。唐军乘胜进军，经过积石山河源，一直打到吐谷浑西陲且末。部将契苾何力追击伏允可汗，杀敌数千人，缴获牛羊二十多万头，并俘虏了他的妻子。伏允可汗率一千多骑兵逃到碛中，已到了山穷水尽的地步，部下纷纷离散。不久，伏允可汗为部下所杀。其长子大宁王慕容顺杀死天柱王，率众降唐。李靖率军经过了两个月的浴血奋战，平定了吐谷浑，并向京师告捷。

不久，李靖因功进封卫国公，贞观十七年，又与长孙无忌等二十四人图像于凌烟阁，尊奉为功臣，并进位开府仪同三司。

贞观二十三年，李靖病情恶化，唐太宗亲临病榻慰问。他见李靖病危，涕泪俱下，李靖在贞观二十三年去世，享年79岁。一代名将，终于在寂寞中辞世，虽然寂寞，但毕竟是寿终正寝，得享天年，这也许是名将最好的归宿。因为他一生战功显赫，死后经常显灵，为百姓救危解厄，百姓为他建庙供奉，于是到晚唐时候，李靖渐渐被神化了。

【专家品析】

李靖军功卓越。上元元年，唐肃宗把李靖列为历史上十大名将之一，并配享于武成王（姜太公）庙。他才兼文武，出将入相，为唐朝的统一与巩固立下了赫赫战功。同时，他治军、作战又积累了一套成功的经验，进一步丰富和发展了我国的军事思想和理论。他写有《李靖六军镜》等多部兵书，在北宋时期列入《武经七书》，是古代兵学的代表著作。

贞观十七年二月，唐太宗李世民为怀念当初一同打天下的众位功臣（当时已有数位辞世，还活着的也多已老迈），命阎立本在凌烟阁内描绘了二十四位功臣的图像，其中卫国公李靖排第八。

【军事成就】

在李靖的戎马生涯中，他指挥了几次大的战役，取得了重大的胜利，这不仅因为他勇敢善战，更因为他有着卓越的军事思想与理论。他根据一生的实践经验，写出了优秀的军事著作，著有《李靖六军镜》等多部兵书，后人编辑了《唐太宗李卫公问对》，在北宋时期列入《武经七书》，是古代兵学的代表著作。

32 高祖赐姓成纯臣，委以大任赏赐恩（李勣•唐）

【生平简介】

姓名：李勣。

别名：徐世勣。

出生地：曹州离狐。

生卒年：公元594—669年。

身份：军事家。

主要成就：唐朝统一的功臣、北定突厥的主将、征服辽东的主帅。

【名家推介】

李勣（公元594—669），本姓徐，名世勣，字懋功。汉族，曹州离狐人。武德初年降唐，授任黎州总管，封“莱国公”，赐姓李。后为避太宗名讳，改名李勣。

他是唐朝杰出的军事家，李勣的一生可以分为五个阶段：瓦岗英雄、唐朝统一的功臣、北定突厥的主将、征服辽东的主帅、辅佐老臣。纵观李的戎马生涯中，他能谋善断，有杰出的军事才干。

【名家故事】

大业十二年，翟让在瓦岗聚众起义，李勣这时才17岁，也成了瓦岗寨的一员。瓦岗军的发展势态良好，吸引了越来越多的豪杰，如王伯当、单雄信等都当了小头目，李密当时参加叛乱失败，也亡命来此加入。李勣见李密的名号更响、领导能力更强，就劝说翟让让位给李密，以扩大影响力。李密成为瓦岗军的最高统帅，非常受拥戴。后来李密和翟让之间产生了矛盾，李密在他人劝说下用计杀死翟让，身为翟让部下的李勣在这场突如其来的变故中，脖子被乱兵严重砍伤。虽然李密将李勣扶入帐中，还亲手为他上药，并让李勣分领了翟让的旧部，但李勣的心里还是怀念旧主。

公元619年，李密被在洛阳称霸的王世充击败，自杀未遂、意志崩溃之时，入关降唐。李勣全面接管了李密的势力范围，东至大海，南至长江，西至汝州，北至魏郡。

有一天，他的军营里来了一个神秘的客人，李密的部下魏徽。魏徽本来是个道士，和李勣、单雄信都是老朋友，此刻已在唐高祖李渊手下当了秘书丞，来劝降李勣，李勣同意归顺大唐。

公元619年十月，窦建德军大败李勣，抓走了李勣的父亲李盖。李勣本已突围而出，但因父亲做了人质，只好返回投降，窦建德仍派他镇守黎阳。李勣对唐朝倒是忠心耿耿，内心计划先多立战功获得窦建德的信任，再伺机归唐。他主动出击王世充，立下赫赫战功，窦建德果然对他放松了防范。公元620年正月趁机归返大唐。有人劝窦建德杀死李盖，窦建德倒也是条汉子，说："李勣本来就是唐臣，只不过被我抓了起来，他不忘本朝，是个忠臣，杀他的父亲又有什么用。"

李勣这次归唐后，一帆风顺，协助秦王李世民，一路势如破竹，接连平定了刘武周、王世充、窦建德等人的叛乱，胜利返回长安。李勣英勇善战，论功行赏时，名列诸大将的首位，获得和秦王一起身披黄金甲祭祀太庙的殊荣。

李勣帮李世民破王世充时，他的昔日好兄弟单雄信早就是王世充手下的一员骁将了。单雄信有个外号叫"飞将"，武艺高强。一次，李世民巡视战场时，与单雄信相遇，单雄信挺槊直刺李世民，差点把秦王捅落马下，幸好尉迟敬德及时赶到，跃马大呼，迎战单雄信，这才使真命天子幸免于难。王世充战败降唐后，手下十几员大将包括单雄信在内都被问成死罪，李勣拼命向李世民推荐单雄信的勇猛善战，并愿意以自己的财产官爵赎回他的性命。

大概因为之前差点死在单雄信手里，李世民坚决不准。李勣只好号哭着退下，去大狱向单雄信诀别，行刑前，李勣在法场生祭单雄信，哭着说：“我以前跟兄长结拜，发誓同生共死。但是我已经以身许国，没法同时兼顾国家大义和兄弟义气，况且我死了，谁来照顾兄长的老婆、孩子呢?”于是取出佩刀，从大腿上割下一块肉，请单雄信吃下，说：“希望你吃下我的肉，让这块肉伴随兄长入土，就当做我没有辜负从前的情分!”单雄信果然吞了李勣的肉，两人大哭永别。

贞观元年，李世民登基后，任命李勣为并州总管，坐镇北方对付突厥。三年后，李勣趁唐朝正和突厥颉利可汗议和，和李靖分道突袭突厥，在突厥军毫无防备的情况下，杀得对方大败投降，稳定了唐朝的北方。

李勣坐镇北方十六年，唐朝边疆太平，唐太宗大赞李勣的功劳远胜长城。唐太宗任命李勣为兵部尚书，还未赴京上任，漠北薛延陀真珠可汗又趁机造反，李勣被委任为朔州行军总管，追击薛延陀，俘虏了五万多人。李勣用兵如神，攻下城池后，所得财物都分给部下，自己一点都不贪财，执法又非常严格，因此下属都愿意为他效命。

他还有知人善任的名声，一发现人才，立刻加以礼遇，会邀请人家到自己房间里谈论不休，经他引荐的后来大半都当了大官。李勣回朝后，忽然生了场大病，医生说要拿胡须灰当药引。唐太宗长着漂亮的胡须，平时很以此自得，他听说此事后，马上自己剪下胡须，命令手下烧成灰给李勣和药。唐太宗居然亲自剪下“龙须”，给臣下做药引，李勣感动得磕头都磕出血来，唐太宗说：“是为了国家着想，不烦深谢！”

贞观二十三年，唐太宗李世民病重，故意把李勣远远地贬到甘肃去，对太子说：“你对李勣没什么恩典，现在我故意贬他，等我死了你再把他召回来，让他当宰相，他定会为你出死力。”果然唐高宗继位后马上召回李勣，任命他为尚书左仆射，也就是宰相。李勣一直是高宗最忠心的臣子。

永徽六年，高宗打算废掉王皇后，立武则天为后，朝廷的顾命大臣都表示反对，只有李勣一言不发。高宗私下询问，李勣说：“这是陛下的家事，用不着问外人。”二十九年后，李勣的亲孙子徐敬业反武则天失败，武后下令把李勣的尸骨从坟墓里挖出来，这是行两面政策、一生顺利的李勣万万没有料到的。

【专家品析】

在唐代，无论是生前还是死后，李勣都享有崇高荣誉。在李勣归唐之初，唐高祖就赐他姓李，称赞他是“纯臣”，并委以重任，施以丰厚的赏赐。唐太宗对他钟爱有加、称赞有加。甚至在他死后近百年，也就是上元元年，唐肃宗还把他与李靖一起，誉为历史上十大名将之一，配享武成王（姜太公）庙。认为他和李靖所立下的功绩，只有汉朝的卫青和霍去病才能与之相媲美。

这样一位生前死后都备受尊重和称赞的人物，但在《隋唐演义》《隋唐英雄传》等通俗文学和当代影视作品中，却是一个“牛鼻子老道”形象，并不为人们所喜欢，与正史中所记载的李勣大相径庭。所以，修正民间对李勣的曲解，还原这位中国古代杰出的军事家、政治家的本来面目十分必要。

【军事成就】

作为一代杰出的政治家、军事家，李勣一个重要特点，就是知人善用，举贤荐能，正是他善于用人，所以，他率军所到之处，所向披靡，战无不胜。

李勣一生主要历经瓦岗寨和唐朝。对大唐王朝，他任劳任怨，几十年如一日，为大唐江山的建立、稳固、强大，立下了不朽功勋。

33 灭三国非凡战绩，擒三主正直为人（苏定方·唐）

【生平简介】

姓名：苏烈。

别名：苏定方。

出生地：冀州武邑（今河北省武邑县）。

生卒年：公元592—667年。

身份：大将军。

主要成就：征西突厥，平定葱岭，灭百济。

【名家推介】

苏烈（公元592—667），字定方，后人通称为苏定方。汉族，冀州武邑（今属河北省）人。历任唐朝左武侯中郎将、左卫中郎将、左骁卫大将军、左卫大将军之职，封邢国公。

他从一员普通战将，靠战功升迁为禁军高级将领，并为大唐先后灭三国、擒三主的非凡战绩和正直的为人而深受唐太宗和唐高宗的赏识与信任，屡委以重任，是唐初的一员得力干将。

【名家故事】

贞观初年，苏定方离开家乡，效力于大唐。贞观四年，苏定方随李靖出征东突厥，两军大战于碛口，苏定方骁勇善战，歼灭突厥数百骑，在此次征服东突厥的战争中，苏定方表现突出，班师后即被提拔为左武侯中郎将，高宗永徽年间又迁为左卫中郎将。

显庆元年，苏定方随左卫大将军程知节征讨西突厥贺鲁部，苏定方任前军总管。此次战争，西突厥出动了大批精锐骑兵，唐军兵至鹰婆川，两军展开恶战，唐军前锋苏海政部受阻，此时苏定方正率部在山间休整，无意中发现突厥主力就在对面山岭上，立刻率领五百骑兵突然袭击，贼众大败，追杀二十里，杀死敌兵一千五百多人，突厥人马遭受突然袭击，死伤惨重，战况开始变得对唐军有利起来。但是由于副大总管王文度的嫉妒和大总管程知节怯敌，致使唐军没有乘胜追击，扩大战果，而是整日在原地操演，对此苏定方心如火焚，进言道："本来讨贼，现在我们自我防守，马饿兵疲，逢贼即败，怯懦如此，何功可立?"最终唐军无功而还，大总管程知节、副大总管王文度等人皆因胆怯畏战和参与杀俘谋财被撤职查办，唯有苏定方因主战有功而被提升为行军大总管。

显庆二年，唐与西突厥的战争再一次爆发，擢升为行军大总管的苏定方总督唐军，自金山之北大败西突厥部落，唐军攻势如潮，给各部突厥以极大压力，逼使其中一部共万余人来归顺。苏定方一面安抚降众，一面继续挥军深入。突厥首领贺鲁率十万人马来抗拒唐军，而此时苏定方手下仅有一万余人，当时情形十分险恶，面对这以一比十的形势，苏定方临阵不乱，沉着指挥，他命令步兵列阵据守中央开阔地，集中所有长兵器向外对敌，他亲率精锐骑兵，排阵于北面高坡，突厥大军先冲击唐步兵阵，三次都没有冲击成功，苏定方乘机出击，敌兵纷纷溃逃，追杀了三十里，杀数万人马。在这次战斗中，苏定方发挥了高超的战术指挥水平，扭转了局面，使唐军从气势压倒了对方。第二天，苏定方未给敌人以喘气的机会，率唐军又发动攻势，逼使贺鲁手下众将纷纷来降，唯独贺鲁带亲兵数百骑逃脱。唐军乘胜追击，所过之处蕃邦部落莫不归附，追至伊丽河，又与贺鲁残部发生激战，贺鲁残军几乎遭到全歼。但是贺鲁却再一次逃脱，于是苏定方派遣副将萧嗣业追捕，一直追到石国一带，并把他生擒而还。

这次击败西突厥，苏定方立下了赫赫战功，受到了唐高宗的赏识，为此在京都长安举行了盛大的仪式庆祝唐军的胜利，他因功升迁为左骁卫大将军，封邢国公。

不久，葱岭三国再次叛乱，叛军首领多曼自恃兵勇城坚，以马头川为据点，不断侵扰大唐。苏定方受诏为安抚大使，率兵讨伐。这一次作战，苏定方改变战术，选精卒一万人，战马三千，一日一夜行军三百里，到天明时，唐军离城只有四十里了，由于唐军出乎意料地直捣多曼老巢，多曼大惊，率兵抵抗，两军交战，叛军大败退守城池，苏定方指挥军队将城门死死堵住。等到晚上，各路唐军纷纷赶到，四面围困，并伐木制造攻城器械，遍布城下。多曼自知不能取胜，只得出城投降。这次由于苏定方派出快速部队长途奔袭，直插叛军心脏，完全打乱了叛军的计划，起到了事半功倍的效果，是兵贵神速这一军事原理得到出色运用的战例。凯旋回朝时，唐高宗在乾阳殿又一次召见了苏定方，从此葱岭以西平定，苏定方因功加食邢州钜鹿三百户，任左卫大将军。

显庆五年，唐高宗坐镇太原，授任苏定方为熊津道大总管，率师讨百济(今朝鲜)。大军至熊津江口时，百济军队早已据江为天险，与唐军对峙。此年苏定方已69岁，但仍身先士卒，亲临第一线指挥作战，他率决死队强渡大江，靠山布阵，与百济军队激战，为大批唐军登陆争取时间，百济人抵挡不住，死伤数千人而溃败。苏定方指挥若定，唐军在苏定方的调遣之下势如破竹，离敌都城二十里时，百济大批军队前来抵抗，唐军杀死俘虏万余人，逼使百济王义慈及太子弃城而逃。唐军继续进军，围困百济皇城。此时由于城内百济王之次子泰自立为王，引起皇室内讧，百济王嫡孙文思率领本部向唐军投降，唐军趁势加紧攻城，迫使泰开门投降，随后百济大将称植又押百济王义慈来降，接着太子隆又率各城守将来降，于是百济平定。

苏定方前后灭三国，都生擒主帅。作为一员战将，苏定方与历代将领一样，为朝廷东征西战，征战一生，但他所创建的战功却是少见的。

苏定方卒于乾封二年，时年76岁，高宗闻讯特别伤心，下诏追赠幽州都督之职，谥号“庄”，功拜左骁卫大将军、刑国公。

【专家品析】

唐初汉族民力尚未从多年战乱中恢复，落后野蛮的北方少数民族，以突厥为代表，经常成群结队南下掠夺财富，虏获汉族人口做奴隶。唐为了边境安定，对外采取征讨与安抚并重，软硬兼施的政策。

在对外征伐中，苏定方表现极其出色。唐对外发动的战争，保护了唐民利益，讨伐了不义的少数民族强盗政权，为中原的稳定繁荣奠定了基础，还向野蛮落后地区传播了先进的文明理念，加速了民族融合的步伐，对今天中国版图的形成作出了贡献。苏定方，也作为唐朝强盛时期的优秀人物代表，成为汉民族反击侵略、开拓进取精神的象征。

【军事成就】

苏定方一生主要功绩有：两征突厥、平定葱岭之乱以及东征百济。苏定方与历代将领一样，为朝廷东征西战。苏定方征战一生，所得赏赐无数，但他为人正直，不义之财分文不取。

34 儒将英雄纵沙场，名臣名将于一身（裴行俭·唐）

【生平简介】

姓名：裴行俭。

出生地：绛州闻喜（今山西闻喜东北）。

生卒年：公元619—682年。

身份：军事家。

主要成就：兵不血刃地搞定叛唐的二蕃。

【名家推介】

裴行俭（公元619—682），汉族，绛州闻喜（今山西闻喜东北）人。大唐名将，军事家，苏定方的徒弟。

670年，大唐讨伐吐蕃，裴行俭孤军深入，兵不血刃，不经大战就搞定一切。后率兵征讨东突厥，在军粮被劫的情况下巧用中国版本的“特洛伊木马计”大败突厥，使突厥人再也不敢劫唐军的粮道。他在指挥作战中充分发挥了兵法上所说的“先谋后战”、“慎战”、“善于用间”等精华。裴行俭曾撰写兵书《选谱》十卷，未能流传下来，甚为可惜。

【名家故事】

上元三年，吐蕃背叛了与唐的盟约，西部烽烟顿起。与裴行俭齐名的吏部名臣李敬玄率军在青海战役中惨败于吐蕃，裴行俭于紧急危难之中受命离京出任洮州道左二军总管，后又改任秦州右军总管，这是他第一次正式担当武将带兵上阵。

次年，原属西突厥族裔的十姓可汗阿史那都支与突厥别部首领李遮匐鼓动诱惑西部各民族部落反唐，震动安西，并且与吐蕃联合。高宗想派兵讨伐，又怕吐蕃乘机进袭。裴行俭上书献计说：“现在吐蕃叛乱气焰正盛，而我方李敬玄战败，目前怎么能够再在西方发动大规模的战役。如今正好波斯王死了，王子泥涅师正在长安，不如派遣使节送他回国继位，正好路过阿史那都支和李遮匐的地盘。如能见机行事，不需要劳师动众就能够取得成功。”于是高宗采纳了他的建议，下诏任命裴行俭为安抚大使，送波斯王子回国。

裴行俭奉诏带唐军送波斯王子回封国，路过他曾经生活战斗过十几年的西州，各民族部落的百姓闻讯都到郊外热烈欢迎他，裴行俭从他们中召集了豪杰青年千余人跟着他，并到处对人宣扬：天气太热，不能再走了，不如等到秋凉了再上路。阿史那都支派出的密探把这个消息告诉了他，他见唐军数量不多而且又娇贵矜持，不像战斗部队的样子，于是放松了戒备。

裴行俭又不动声色地召来安西四镇的各部酋长，约他们一起打猎。他借机暗中编整训练好部队，秘密出发，几天之内到达离阿史那都支只有十余里的地方停留，并派使者前去致以亲切的问候，说大唐使节裴行俭路过此地。阿史那都支原来与李遮匐商量好到秋天合兵抗拒唐朝使者，一看这个阵仗，两万多人的打猎大队已进到了家门口，仓卒不知如何是好，只好带着侥幸心理率子弟五百余人到唐营拜见，结果可想而知，一网就擒。当天，裴行俭就用阿史那都支的令箭，召集他辖属各部酋长前来聚会，并全部抓获送到碎叶城。

接着，裴行俭马不停蹄，简选精骑，尽量少带装备，迅速袭击李遮匐。恰好在路上抓住了李遮匐的使者，并放他回去告诉李遮匐阿史那都支已经被捉的消息。李遮匐势单力孤，见势不妙，只好投降。

高宗完全没有想到事情会这样顺利，消息传来，喜出望外，裴行俭回京之后，亲自为他举办慰劳庆功宴，于是官拜礼部尚书兼检校右卫大将军。

公元679年，北方蒙古草原的突厥部族的阿史德温傅反叛，拥立阿史那泥熟匐为可汗，并鼓动辖属二十四州一起响应，叛军多达数十万。紧急关头，裴行俭再度出任定襄道行军大总管北上奔赴前线，率兵十八万，与当地兵马合兵共三十余万，旌旗千里，刀枪如林，浩浩荡荡，其盛况为唐军出师所罕见。

公元680年，叛军主力驻扎黑山与唐军决战，裴行俭指挥唐军展开了大规模的阵地战，屡战屡胜。叛军无可奈何，产生内讧，其部下杀死伪可汗泥熟匐来投降，大首领也被唐军生擒，其余党羽逃向狼山。

裴行俭班师后不久，突厥贵族阿史那伏念收罗叛乱余党又伪称可汗，与阿史那温傅联合继续顽抗。第二年，裴行俭再度总揽诸军，他施展反间计，派间谍去挑拨伏念和温傅的关系，使两人失和，互相猜忌。

数日后，漫天烟尘滚滚自北而南，唐军的侦察兵大为紧张跑来报信，以为敌军进袭。裴行俭从容地对众将说："这不过是伏念抓住了温傅前来投降，别担心。不过受降如受敌，还是要做好准备。"于是唐军摆出严整的阵容，派使节前往问讯，果然如此。就这样，突厥叛乱余党全部平息。在说降伏念的时候，裴行俭答应保伏念不死，但却没料到遭到了背后一刀。他的同族侍中裴炎非常妒忌他功勋显赫，向朝廷谗言说：“伏念是程务挺、张虔勖打败的，后面又有回纥军队逼围，是没有办法才投降的”，最后鼓动朝廷下令将伏念和温傅同时处决，而裴行俭的大功也在他掀起的口舌之争中被掩盖省略了。虽然事后裴行俭还是被封为闻喜县公，但他却因为自己不得已的言而无信而深感耻辱，于是从此称病不出。

永淳元年，十姓突厥中的阿史那车薄部落叛乱，朝廷又想起了病休在家的裴行俭，任他为金牙道大总管，但大军还没有来得及出发，一代能臣名将裴行俭就因病辞世，终年64岁，追赠幽州都督，谥号为“献”。

【专家品析】

裴行俭的军事行动都是大手笔，需要的是包括军事素质在内的全面的素质。首先，裴行俭善于审时度势；其次，裴行俭胆色过人。兵不血刃地搞定叛唐的二蕃的过程看似轻松，其实是有很大风险的，毕竟是深入西突厥境内，但是，裴行俭还是非常出色地掩饰了军事意图，步步为营，迷惑了对手。

同时，裴行俭善于洞察对手。当大军逼近阿史那都支时，裴行俭却派人召唤阿史那都支，抓住阿史那都支后，又派人告知李遮匐，二者的反应都在裴行俭的意料之中。之后，裴行俭用反间计摆平叛乱的东突厥，也是如此。

【军事成就】

裴行俭军事生涯的辉煌是以护送波斯王为名兵不血刃地搞定叛唐的西突厥二蕃、率领三十万大军摆平叛乱的东突厥。他巧用中国版本的“特洛伊木马计”大败突厥，使突厥人再也不敢劫唐军的粮道了。他在指挥作战中充分发挥了兵法上所说的“先谋后战”、“慎战”、“善于用间”等精华。

㉟ 驰骋沙场四十载，白袍一世成威名（薛仁贵·唐）

【生平简介】

姓名：薛仁贵。
别名：薛礼。
出生地：山西绛州龙门。
生卒年：公元614—683年。
身份：军事家。
主要成就：讨平契丹、剿灭铁勒、降伏高句丽、大破突厥。

【名家推介】

薛仁贵（公元614—683），名礼，山西绛州龙门人。唐朝名将，著名军事家、政治家。

他戎马辉煌的一生，三箭定天山，擒贼先擒王，三支箭摆平十三万敌军；新城救援战，天降神兵；金山之战，击溃乘胜而来的十多万敌军，杀敌五万；扶余川阻击遭遇战，仅二千人对数万敌人，斩杀万余，高句丽四十多座城市闻薛礼之名直接投降。69岁带兵出征的雁门关，大胜突厥十万大军。

【名家故事】

公元662年二月，回纥铁勒突厥九部落得知唐军将至，便聚兵十余万人，凭借天山有利地形，阻击唐军．公元662年三月初一，唐军与铁勒交战于天山，铁勒派十余员大将前来挑战，薛仁贵连发三箭，敌人三员将领坠马而亡，敌大军见状立即混乱，薛仁贵指挥大军趁势掩杀，敌人十三万大军不战全部下跪投降。

公元667年十月 ，薛仁贵主力三千人及后军于高句丽主力部队二十万会战于金山。面对敌人数十万的士兵阵势，薛仁贵亲自指挥所带领三千骑兵像切蛋糕一样把敌人二十万的阵势给轻松切开，奋力冲杀，后大军跟上，斩杀敌人首级五万余人，伤者不在其内。唐军乘胜攻占南苏、木底、苍岩三城，赢得了金山之战的胜利。高宗皇帝亲笔写诏书慰劳薛仁贵。金山之战是唐初年的罕见的大规模遭遇战，是灭高句丽四大战役最关键的一次战役，基本消灭高句丽精锐部队，为彻底胜利奠定基础，此战由薛仁贵亲自指挥，攻不可没。战后，李勣认为前方的扶余川中应该没敌人主力了，于是带兵绕海边走敌人布防空虚之地前往平壤。

公元667年十一月，薛仁贵仅带二千玄甲骑兵正面前进，发兵扶余城，有的将领大力反对，认为兵力实在太少了，搞砸了不好收场。但是薛仁贵说："兵不在多，在主将善用。"兵贵神速，接着一场人类战争奇迹又出现了。李勣判断失误，其实扶余城还有十几万敌军，当金山之战失败后，敌人派出这十万人准备快速进攻新城，夺回主动权，这时候要没薛仁贵，后果可想而知。当敌人行军的时候根本无法想象唐军居然会那么快就打过来。时逢冬天，东北大地，白雪蔼蔼，薛仁贵二千玄甲骑兵全部白衣银甲，当他们发现敌人的时候，薛仁贵当机立断，利用骑兵平原优势，冲杀敌人。于是在白色的雪域平原上，正在行军的高句丽兵看见一大团白色飞冲而来，还以为是雪崩。薛仁贵指挥杀敌，用了七个时辰斩杀敌人二万余人，剩余七万余人逃回扶余城。薛仁贵率领二千人继续前进，后大部队跟到。公元668年二月二十日，花了三个月的时间，以薛仁贵为主的部队攻占坚固的扶余城，之后扶余川中四十多座城市望风而降。

之后，唐高宗命薛仁贵率兵留守平壤，并授薛仁贵为右威卫大将军，封平阳郡公，兼安东都护。薛仁贵受命后，驻守平壤新城。他任安东都护期间，做为地方长官，表现出了杰出的政治才能，立即投身于恢复和平，恢复生产，医治战争创伤的工作中，抚养孤儿、赡养老人、治理盗贼、提拔任用高丽的人才、表彰奖励品德高尚、行为优异的百姓，一时间高丽人都非常喜悦，忘记了亡国之痛。

进军西域，薛仁贵已经60岁了，薛仁贵奉命西行，军至大非川，即将进入乌海，薛仁贵命令手下郭待封带二万人留守，薛仁贵又嘱咐他千万不可轻举妄动，可是郭待封根本就瞧不起农民出身的薛仁贵，完全违反他的命令。

薛仁贵安排好后，率部前往乌海，兵到河口，遭遇吐蕃守军数万人拦截，薛仁贵率军一阵冲杀，斩获殆尽。薛仁贵收其牛羊万余头，旗开得胜，占得先机，继续向西，直逼乌海城，让郭待封把粮草辎重送来，可是他慢慢悠悠，本来两三天的路程，他走了半个月还不到，薛仁贵每天都派十几个人去催，最后被吐蕃军所包围住，粮草辎重尽失，郭待封直接带着自己的两万部队逃至大后方，凭险据守，根本不管自己的主帅。之后因为粮草问题薛仁贵只能放弃已经占领的城市，退回大非川，最后吐蕃纠集四十万大军，薛仁贵用自己仅有的三万部队与吐蕃四十万大军作战，让人敬佩的是，就是这样的差距，最后居然使吐蕃遭受巨大损失，虽然唐军一方也损失严重，但是让吐蕃被迫同意议和罢兵，薛仁贵撤退。

682年冬，69岁高龄的薛仁贵带病冒雪率军进击，领兵去云州，就是今天的大同一带，和突厥的阿史德元珍作战。突厥人问道："唐朝的将军是谁？"唐兵说："薛仁贵。"突厥人不信，说："我们听说薛仁贵将军发配到象州，已经死了，怎么还能活过来？别骗人了！"薛仁贵于是脱下头盔，让突厥人看。因为薛仁贵威名太大了，以前曾经打败过九姓突厥，杀过许多人，突厥人提起他都怕，现在看见了活的薛仁贵，立即下马跪拜，把部队撤回去。薛仁贵来了就是打仗的，哪里会因为受了几拜就客气，立即率兵追击，打了一个大胜仗，斩首一万多，俘虏三万多，还缴获了许多牛马。这是第二次有十万敌军向薛仁贵下跪投降。

公元683年三月二十四日，薛仁贵因病于雁门关去世，享年70岁。唐高宗追赠他为左骁卫大将军、幽州都督，薛帅传奇的一生结束了。

【专家品析】

薛仁贵早年是凭借自己的勇猛而成名，后来的指挥作战也是非常神奇的，可以说是个优秀的军事家。在朝鲜作为地方父母官，大力发展生产，整顿民生，能使亡国者感恩，说明薛仁贵的政治才能也是很突出的。

薛仁贵一生作战上百次，仅败一次，其余全部胜利，一生没有犯过一次军事指挥上的战略错误，而且撰写的《周易新本古意》为世界上第一部辨证法理论的军事著作，可见其军事才能的出色。

薛仁贵是中国历史上唯一一位两次接受敌人十万人以上下马跪拜投降的将军。他打败外族的侵略，是我国的民族英雄，是中华民族不该忘记的战神。

【军事成就】

薛仁贵创造了“良策息干戈”、“三箭定天山”、“神勇收辽东”、“脱帽退万敌”等诸方面在军事、政治上的赫赫功勋。一生主要功绩有：征讨高句丽、讨平契丹、剿灭铁勒、降伏高句丽、征讨吐蕃、大破突厥。

郭子仪

36 权倾天下朝不忌，盖世之功主不疑（郭子仪·唐）

【生平简介】

姓名：郭子仪。

别名：郭令公。

出生地：华州郑县（今陕西华县）。

生卒年：公元691—781年。

身份：军事家。

主要成就：平定安史之乱、大败吐蕃。

【名家推介】

郭子仪（公元697—781），中唐名将，汉族，华州郑县（今陕西华县）人。

他安史之乱时任朔方节度使，在河北打败史思明。收复洛阳、长安两京，功居平乱之首，晋升中书令，封汾阳郡王。代宗时，叛将仆固怀恩勾引吐蕃、回纥进犯关中地区，郭子仪正确地采取了结盟回纥，打击吐蕃的策略，保卫了大唐的安定。郭子仪戎马一生，屡建奇功，以84岁的高龄才告别沙场。天下因有他而获得安宁达二十多年，他“权倾天下而朝不忌，功盖一代而主不疑”，举国上下享有崇高的威望和声誉。

【名家故事】

天宝十四年十一月初九，安禄山以“奉密旨讨杨国忠”为名，召集了诸蕃兵马十五万人，号称二十万，日夜兼程，以每天六十里的速度长驱南下杀入中原。“安史之乱”正式拉开帷幕。

自“贞观之治”以来，唐朝各地多年未发生战争，军队战斗力锐减，军备空虚。因此，当叛军打来的时候，黄河以北二十四郡的文官武将，有的开城迎敌，有的弃城逃跑，有的被叛军擒杀。安史叛军长驱南下，势如破竹，一路上几乎没有遇到什么抵抗。叛军每到一个地方，烧杀掳掠，奸淫妇女，强抽壮丁，残害百姓，无恶不作，使得沦陷区广大百姓家破人亡，流离失所。长期沉溺于游乐宴饮的唐玄宗由于对这场叛乱毫无应变的准备，事到临头，仓促应战。他急派封常清、高仙芝去东京洛阳募兵抵抗，但洛阳很快陷落，玄宗在盛怒之下，处斩了封、高二将。

在这紧急关头，唐玄宗提拔郭子仪为卫尉卿，兼灵武郡太守，朔方节度右兵马使郭子仪被升任为朔方节度使，奉命率兵东讨叛军。郭子仪立即亲赴校场，检阅三军，誓师出征。公元756年四月，朔方军旗开得胜，一举收复重镇云中，大败叛军薛忠义。接着郭子仪又派大将公孙琼岩率骑兵攻击马邑，大获全胜。马邑的收复使东陉关得以重开，从而打通了朔方军与太原军的联系，使安禄山下太原，入永济，夹攻关中的军事行动无法实现，从而赢得了战略上的主动权。捷报传到京城长安，人心稍安，郭子仪因功任御史大夫。朝廷命郭子仪回到朔方，补充兵员，从正面战场反击叛军，以图收复洛阳。郭子仪则认为，必须夺取河北各郡，切断洛阳与安禄山老窝范阳之间的联系，断绝他们后方供给线，才能有效地打击叛军前线的有生力量。

经郭子仪的推荐，朝廷任命李光弼为河东节度使，李光弼由太原出井陉口，一连收复七座县城，史思明闻讯，率五万大军从西包围李光弼于常山，双方展开激战持续四十多天。李光弼消耗很大，寡不敌众，被迫困守，只得派人向郭子仪求援。郭子仪急率军东进，火速驰援常山，与李光弼会合，以十万官军和史思明会战于九门城南，大获全胜。史思明新败后，又收整了五万叛军，退守博陵。郭子仪将计就计，亲选五百精锐骑兵，交相掩护，牵着史思明的叛军疾速北进，史思明不知是计，一连追了三天三夜，追到唐县时，才发现前面只有五百骑兵，方知上当，然而已经人困马乏。郭子仪乘其疲惫不堪之机，返军掩杀，大败史思明于沙河。

安禄山忽闻败报，心惊胆战。急忙从洛阳抽调两万兵马北上增援，会合五万叛军准备卷土重来。郭子仪采取扰敌战术，使叛军整日提心吊胆，不得安宁。当叛军被拖到相当疲劳的程度时，在嘉山摆开战场，布好战阵，史思明等叛将也列阵来到，郭子仪指挥得当，唐军奋勇无畏，锐不可当。叛军士气低落，阵势混乱，四处溃逃。史思明见败局已定，吓得慌不择路，坠下战马，丢了头盔，连靴子都跑掉了，光着两脚，拄着一条断枪，逃回博陵。叛军被斩杀四万多人，被生擒五千余人，损失战马五千余匹。郭子仪指挥官军乘胜前进，进围博陵，声威大振，嘉山一战，对军心民心产生极大的影响。河北十多郡，自发集结武装，支援和响应官军，地方军民纷纷诛杀叛兵叛将，归迎唐朝。

郭子仪在河北的辉煌战绩，扭转了唐军仓卒应战的被动局面，改变了整个战争形势。这时郭子仪提出了坚守潼关，挥军北上，直捣范阳的方略。如果朝廷采纳这个方略，平定安史之乱指日可待。但是，唐玄宗却听不进郭子仪的正确意见，而对杨国忠却言听计从。结果造成潼关失守，叛军从困境中得以解脱，使战局急剧恶化。潼关失守使西北长安门户洞开，长安不保，唐玄宗听信了杨国忠的建议，向四川逃跑。

唐肃宗继位后，便图谋收复两京，诏令郭子仪班师。八月，郭子仪与李光弼率领步兵骑兵五万人从河北来到灵武。公元757年，安史内讧，安禄山被帐下李猪儿杀死。朝廷想要大举进攻，诏令郭子仪率军直趋京师。郭子仪收复了都城长安后，又奉命率军乘胜东进，攻打洛阳。洛阳守将安庆绪听说唐军前来攻城，慌忙派大将庄严、张通儒带领十五万大军前去迎战。叛军在新店与唐军相遇。新店地势险要，叛军依山扎营，居高临下，形势对唐军非常不利。

郭子仪趁叛军立足未稳之机，选派两千名英勇善战的骑兵，向敌营冲杀过去，又派了一千名弓箭手埋伏山下，再令协助作战的回纥军从背后登山偷袭，自己则亲率主力与叛军正面交战。战斗打响之后，郭子仪佯装败退，叛军倾巢出动，从山上追赶下来，突然杀声如雷，唐军埋伏的弓箭手像神兵一般从天而降，万箭齐发，无数的箭簇像雨点一样射向敌群。郭子仪又杀了个回马枪，在唐军和回纥军的夹击之下，叛军被打得一败涂地，官军一举收复洛阳。

郭子仪因功封为代国公。公元763年正月，史思明看到众叛亲离，走投无路，上吊自杀。至此延续了七年零三个月的安史之乱才算完全平定。

【专家品析】

郭子仪戎马一生，屡建奇功，但他从不居功自傲，忠勇爱国，宽厚待人，因此在朝中有极高的威望。郭子仪功德越高，人们越尊重他。吐蕃、回纥称他为神人，郭子仪处处做士兵的榜样，领兵打仗从不侵犯百姓的利益。他权倾天下而皇帝不猜忌，功高盖世而主人不怀疑，这在伴君如伴虎的封建社会里实属不易，唐德宗尊他为“尚父”。他既富贵而且长寿，后代繁衍安泰。

【军事成就】

身为一代名将，四朝元老，郭子仪杰出的军事才能和赫赫战功，对中唐以后的军事史产生了深远的影响。他戎马征战，为平定安史之乱、恢复唐朝中央政权、安定社会、稳定边境、交好少数民族做出了巨大的贡献。

37 河东节度军副使，天下兵马副元帅（李光弼•唐）

【生平简介】

姓名：李光弼。
出生地：营州柳城（今辽宁省朝阳）。
生卒年：公元708—764年。
身份：河东节度副使、天下兵马副元帅。
主要成就：太原之战，以少胜多，以弱制强。

【名家推介】

李光弼（公元708—764），唐代营州柳城（今辽宁省朝阳）人，契丹族。李光弼于唐天宝十五年初，经郭子仪推荐为河东节度副使，乾元二年七月，任天下兵马副元帅。

他是中国唐代将领，曾平定安史之乱，是世界战争史上最善于防御的统帅。他指挥的太原之战，是古代城邑保卫战中以少胜多、以弱制强的一个典型战例，在中国战争史上占有重要地位。

【名家故事】

天宝十四年，安禄山造反时，李光弼在朔方节度使郭子仪帐下任左兵马使，随郭子仪东征。至德元年七月，唐肃宗在灵武继位，任命李光弼为户部尚书留守山西，李光弼随即率新兵五千人到了太原。

次年正月，史思明纠集十万人马准备进攻太原。此时李光弼手下只有未经训练的新兵不足万人，诸将建议加固城墙，李光弼认为，太原城周有四十里，修城墙已来不及了。他命令在城墙外挖深沟，将挖出的土打成土坯备用。叛军围城后不断进攻，城墙坏了，李光弼就让用土坯修补，随坏随补。史思明又采用声东击西的战法，但由于守军军纪严明，无空子可钻，史思明攻了一个多月仍然攻不下。李光弼为了守城，鼓励将士献计献策。他发现有三人善于挖地道，便让他们带领大家向城外挖地道，当城外叛军士兵骂阵时，就突然从地道中将他们拽进地道内，搞得叛军走路时常常看自己的脚。叛军一开始进攻时，扎营离城墙很近，李光弼就用大炮抛巨石打击叛军，迫使他们退至数十步外。李光弼又将地道挖至叛军大营底下，用木头支撑，不使它塌陷，然后派人向叛军提出假投降，到时候，李光弼率军站在城墙上，派一名部将率数千人出城假投降，叛军毫无防备，都在营内外看热闹，李光弼命令突然抽掉地道内的支撑木，叛军营地突陷，唐军乘势掩杀，俘斩万余。

不久，安庆绪杀死安禄山，命令史思明回守范阳，留蔡希德等继续围攻太原。第二年二月，李光弼率敢死队出击，一下歼灭叛军七万人，蔡希德扔下军械辎重，带领残兵败将仓皇而逃。

乾元元年，李光弼和郭子仪等九节度使围攻邺城，由于指挥不统一而失败。李光弼兵返回太原未受损失。战后唐肃宗听信宦官鱼朝恩的谗言，罢了郭子仪的官，任李光弼为朔方节度使、兵马副元帅，率兵两万据守洛阳。邺城大战后，史思明杀安庆绪，自称大燕皇帝，并于乾元二年九月南下，过黄河进攻河南各州郡，李光弼认为洛阳城太难守，便移军到洛阳以北黄河北岸的河阳，史思明占洛阳后怕李光弼攻击他的侧后，又退至洛阳东面的白马寺，和李光弼隔河对峙。

史思明有良马千余匹，每天赶到黄河里洗澡。李光弼找来五百匹母马，将马驹留在城里，然后命令士兵赶着这些母马到黄河边，母马见不着马驹，长嘶不已，南岸史思明的马都是公马，听到母马嘶鸣，都跑到黄河北岸，于是一一被唐军所获。

一日晨，叛将周挚率大军进攻河阳北城，李光弼登城观察后对诸将说：“贼众虽多，但阵形紊乱，很快就可破贼。”随后分派了任务并规定诸将要按照令旗的动作行动，旗缓，可以机动行事；如果急速挥舞军旗三次，就要立即拼死冲锋。交战不久，李光弼见叛军气势稍微松懈，立即舞旗三下，诸将同时喊着杀声冲锋，叛军抵挡不住，纷纷溃败。叛军被俘斩一千五百余人，另有一千余人被掉进了护城河淹死，以后李光弼在同叛军交战中又屡屡获胜。李光弼在河阳牵制了叛军主力，使其不敢西进，从而保证了长安的安全。

上元元年十一月，李光弼乘胜收复怀州。第二年，唐肃宗轻信鱼朝恩的话，催促李光弼进攻洛阳。李光弼奏称："贼锋尚锐，未可轻进。"肃宗不听。李光弼被迫攻打洛阳，在洛阳北面的邙山唐军大败，河阳、怀州均已失陷，李光弼只好退保闻喜一带。至此，在河阳黄河两岸的相持局面不复存在，长安已岌岌可危。邙山战败后，李光弼请求处分，肃宗未加罪责，命他以太尉兼河南副元帅，都统河南等五道行营节度使，镇守临淮。

宝应元年，史思明已被其子史朝义所杀，史朝义领兵进军河南，围困宋州。诸将认为寡不敌众建议李光弼退保扬州。他说："朝廷倚仗我，我再退缩，朝廷还有什么希望?"于是进驻徐州，向史朝义进攻，并解了宋州之围。他因功进封临淮王。当时浙东袁晁起义，光弼遣军镇压。

唐代宗继位后，信任宦官程元振、鱼朝恩，两人猜忌李光弼，屡次在皇帝面前中伤李光弼。李光弼心怀疑惧，从此自己镇守临淮，两、三年间不敢入朝。他历来治军严肃，发布命令时，诸将不敢仰视。这期间朝廷屡次征召李光弼，他都推辞不到京城，诸将因此不听指挥，光弼羞愧成疾，并招致朝廷猜疑，广德二年于徐州抑郁而死。

【专家品析】

李光弼戎马一生，战功卓著，为平定安史之乱作出了重要贡献，与郭子仪齐名，史称"李郭"。

李光弼刚毅果断，用兵灵活，尤以防御作战见长。治军严谨，所部屡战不殆，军纪严明，民众敬服。他在平定安史之乱的过程中，他智计百出，功劳盖世，谱写了一幕又一幕的战争传奇。

李光弼在邙山之战中，也有过失败，但失败的原因并不在于李光弼，唐肃宗重用宦官监军，对他们言听计从，在决战时机尚未成熟时强令决战，挟私报复，违抗军令，因而导致了邙山失败。

【军事成就】

李光弼指挥的太原之战，是古代城邑保卫战中以少胜多，以弱制强的一个典型战例，在中国战争史上占有重要地位。李光弼智谋超群，在作战中采用顽强坚守与不断寻机出击相结合的战法，灵活运用地道、石炮等守城战术和技术，出奇制胜，不满万人的兵力一举歼敌十万余人。此外，常山之战、九门之战、嘉山之战、河阳之战等，都是著名的防御战，常山之战、河阳之战更是令人拍案叫绝的战役。

38 骁勇冠绝常胜将，战无不克从未挫（李存孝·五代）

【生平简介】

姓名：李存孝。

别名：安敬思。

出生地：代州飞狐（今河北涞源）。

生卒年：？—894年。

身份：将军。

主要成就：骁勇冠绝、常将骑为先锋、未尝挫败。

【名家推介】

李存孝（？—894），代州飞狐（今河北涞源）人，本姓安，名敬思。五代时期著名的猛将、军事家。

史书记载“骁勇冠绝，常将骑为先锋，未尝挫败”。他在民间传说中地位相当于《说唐》中的李元霸，天下无敌。野史中曾说李存孝引领十八骑攻取长安，虽说是夸张之词，但也能看出李存孝的勇猛。

【名家故事】

李存孝被李克用收为义子后，才改姓名为李存孝，跟随李克用担任骑将，每次都跟随李克用出战。公元889年六月，李克用亲率大军再次攻击孟方立，誓取邢、洺、磁三州。李克用令李存孝急攻邢州，最后叛军向李克用投降。随后李克用驻军上党，置酒劳军，此次攻下三州，李存孝功劳很大。

这时朝廷已经册封京兆尹孙揆为潞州节度使，孙揆是儒生出身，这次征讨李克用，朱温又派了三千汴军作为护卫，孙揆身穿宽大的衣服，头顶清凉伞，在队伍的簇拥下行进。

八月，孙揆率军过了晋州、绛州，穿过逾刀黄岭赶往上党。李存孝闻讯后，率三百骑兵埋伏在长子以西的山谷，待孙揆军经过时，突然从侧翼袭击，擒获孙揆和宦官韩归范以及牙兵五百余人，追击剩余的人马直到刀黄岭，全部斩杀。李存孝给孙揆和韩归范戴上刑具，用白色的布带捆绑起来。

同年九月，泽州城下，梁军对李存孝喊话说：“你常依仗太原李克用的势力，现在上党已归后唐，唐军已包围太原，李克用将找不到巢穴躲藏，你还有谁可以依靠而不投降？”李存孝听后不以为然，率精骑五百人围绕梁军营寨大呼道：“我们沙陀人所以找巢穴，是为了用你们的肉来给将士们吃，现在快找个胖的来和我一战！”梁骁将邓季筠率军出战，李存孝舞槊迎战，将他生擒。当天晚上汴将李说败走，李存孝追击，斩俘万余人，一直追到马牢关，然后又回头率军攻击潞州，此战后李克用封李存孝为汾州刺史。

十月张濬统领的官军从阴地关开出，军队到达汾州，李克用派遣薛阿檀、李承嗣带领骑兵三千在洪洞安设营寨，李存孝带领军队五千在赵城安设营寨。官军镇国节度使韩建派出强壮士卒三百人要在夜间去袭击李存孝的军营，李存孝事先知道了，便设下埋伏等待韩建人马的到来，韩建派去的人全部被消灭。而靖难军和凤翔军听说李存孝来了，惧于李存孝的威名，未经交战就后撤，李存孝于是率领晋军乘胜追击，直达晋州城的西门。张濬带领军队出城交战，再次打了败仗，官军被斩杀的将近三千名。靖难、凤翔、保大、定难各路军队听到李存孝吓得如惊弓之鸟，争抢着渡过黄河往西回奔，张濬只剩下长安禁军和宣武军总共一万人，与韩建一起关闭晋州城门固守，从此不敢再出城。李存孝带领军队先去攻打绛州，十一月，刺史张行恭放弃绛州城逃跑，李存孝再次回兵进攻晋州，围攻了三天，张濬、韩建从含口逃走，李存孝攻取了晋州、绛州一带。

晋军攻打赵王王镕控制的常山，李存孝任先锋，接着攻下临城元氏，王镕求救于幽州的李匡威，李匡威兵到，晋军撤走。景福元年正月，王镕、李匡威合兵十余万攻尧山，李克用任命李存信为蕃、汉马步兵指挥使，协同李存孝一同攻打王、李的部队，李存孝、李存信二人互相猜疑忌恨，彼此逗留观望而不前进。李克用只有改派李嗣勋，大败幽州、镇州的军队，斩杀擒获三万人。李存信回到李克用那里进谗言说："存孝有二心，常避赵不击。"李存孝心里不安。

景福九月，李存孝夜犯李存信军营，李存信军大乱。李克用亲自率兵前往救助李存信，同时掘沟堑包围李存孝的部队，李存孝出兵冲击，晋军无法筑成沟堑。河东牙将袁奉韬派人对李存孝说："您所畏惧的只是晋王。晋王待沟堑筑成，一定会留兵围城自己退去，他手下诸将都不是您的对手，筑好了沟堑又有什么用？"李存孝同意，于是任由晋军筑沟堑。沟堑筑成后，深沟高垒，无法靠近，李存孝非常被动。

乾宁元年三月，李存孝登上城楼，哭着对城下的李克用说道："儿蒙王的大恩，位至将相，难道愿意舍父子的关系而投仇敌？这都是由于李存信诬陷的缘故。”李克用很感伤，派刘夫人入城慰问。刘夫人带着李存孝回来，他磕头请罪道：“儿对晋有功而无过，所以如此，是没有忘却大王的恩德。”李克用将他押回太原，用车裂之刑将他处死。其实李克用本不想杀他，希望诸将为他求情，就此顺势免了他的罪，谁知诸将都妒忌他，没一个为他求情。李克用为此深恨诸将，杀了李存孝后，李克用心里十分惋惜，十多天不理政事，兵势也逐渐转弱，而朱温的势力则开始变得越来越强大。

李存孝死后，李克用每次和诸将赌博，谈到李存孝都流泪不止。由于李克用军营中的将领都比不过他，后来同样是“义儿”的李存信背叛了李克用，但他一勇之夫，不是老谋深算的李克用的对手，结果被李克用稍施小计在幽州捉住，押解回太原后，用五马分尸的酷刑结束了他短暂的生命。

李存孝墓在山西太原西山风峪沟口的太山脚下，其墓为一石砌坟丘，坟前有小平台，上面摆放着两枚石元宝，有石碑一幢，上刻“李存孝之墓”。

【专家品析】

李存孝是晋王李克用麾下的一员骁将，也是李克用众多的“义儿”中的一个，因排行十三，故称为“十三太保”。“王不过霸，将不过李”，霸指的是西楚霸王项羽，将指的就是李存孝。

李存孝勇猛果敢，李克用军营中的将领都比不过他。他经常带领骑兵做李克用的先锋，所向无敌，他身披沉重铁甲，腰挎弓箭长矛，独自挥舞铁枪冲锋陷阵，成千上万的人在他面前都丧胆逃退。

【军事成就】

李存孝武艺天下无双，勇力绝人。“骁勇冠绝，常将骑为先锋，未尝挫败；从李克用救陈、许，逐黄寇，及遇难上源，每战无不克捷”。

㊴ 杨无敌战死疆场，忠良将后世褒扬（杨业·北宋）

【生平简介】

姓名：杨业。
别名：杨继业、杨令公。
出生地：山西太原。
生卒年：？—986年。
身份：北宋名将、军事家。
主要成就：培养满门忠烈。

【名家推介】

杨业（？—986），本名重贵，又名继业，山西太原人。北宋名将、军事家。

他坚持抗辽，雁门关抗辽大捷以后，杨业威名远扬。辽兵一看到“杨”字旗号，就吓得不敢交锋。人们给杨业起了个外号，叫做“杨无敌”。他的后代继承他父亲的事业，儿子杨延昭、孙子杨文广在保卫宋朝边境的战争中都立下大功。他们一家的英勇事迹受到人们的传诵和赞美，民间流传的杨家将故事，就是根据他们的事迹编撰而成。

【名家故事】

宋开宝元年，宋太祖赵匡胤攻北汉时，刘继业以侍卫都虞候，领军扼守团柏谷抗击宋军，宋军围攻太原，刘继业又领兵守城。宋太祖赵匡胤还没有来得及完成统一大业就死去了，他的弟弟赵匡义继位做皇帝，这就是宋太宗，宋太宗决心平定北方。

公元979年，他带领大军，攻打北汉，宋军把北汉的京城太原团团围困，猛攻猛打。北汉向辽国求救，辽国派兵前来援助，被宋军打得大败。北汉无力抵抗，只好投降。宋太宗平定北汉以后，北汉有个有名的老将，叫刘继业，也归附了宋朝。刘继业就是杨业，就是传说中的杨老令公。他从小爱好骑马射箭，学了一身武艺。因为他武艺高强，英勇善战，人们称他“杨无敌”。宋太宗对刘继业相当器重。刘继业归宋后，改姓杨氏，单名业，随即授任环卫官为左领军卫大将军；不久，升任郑州防御使。

公元986年，宋太宗派三支大军攻辽。东路由大将曹彬带领主力部队，向幽州前进；中路由田重进率领，攻取河北西北部等地；西路由潘美率领，攻取山西北部各地。杨业就在西路军中，做潘美的副将。潘美带领的西路军，出了雁门关，就向北进攻。杨业和他的部下英勇善战，很快打下了寰州、朔州、应州和云州，收复了山西西北部的大片土地。正当西路军节节胜利的时候，不料东路军吃了大败仗。宋太宗因主力部队失败，不敢再战，连忙下令退兵。潘美、杨业很快退回代州。宋朝的大军一退，应州的宋军也丢掉城市溃退，辽军乘胜打进了寰州，一时形势十分紧张。就在这时候，北宋朝廷下令把寰、朔、应、云四州的老百姓迁往内地，要潘美、杨业的部队担任护送。但这时寰州和应州已经被辽军占领，云州远在辽军的背后，朔州也在辽军的身旁，要迁移那些地方的老百姓，可实在不容易。

杨业考虑了一番，提出建议说：“现在敌人很强大，应当暂时避开他们的锋芒，不能硬打，我们应先假装打应州，引诱敌人大军前来迎战，然后利用这个机会，命令应、朔两州的守将带领百姓赶快南迁。这时，我们只要派军队在中途接应，这两州的百姓就可以安全转移。” 这是一个好主意。可是，在潘美军中做监军的王侁却不同意。他说：“我们有几万精兵，为什么这样胆小？只要走雁门关北面的大路，向朔州前进就是了。”

杨业说：“这样做，一定失败！”王侁不但不考虑杨业的正确意见，反而讽刺他说：“将军一向号称杨无敌，如今看到敌军，竟逗留不进，难道有其他想法吗？”对于这样恶毒的诬蔑，杨业气愤极了。他横下心来，说：“我并不怕死，只因时机不利，不想让士兵白白送死。你既然说出这种话来，我领兵前去就是了。”杨业和王侁争论时，潘美就在旁边。他明知杨业这次出兵，凶多吉少，可是他一向妒忌杨业的才能，所以一言不发地派杨业去了。

杨业出发时对潘美说：“这次出兵，一定不利。我本想等待时机，为国杀敌立功，如今有人责难我畏敌不前，我愿意先死在敌人手里。”他又说：“你们在陈家谷准备好步兵弓箭接应我们，不然军队就回不来了。”说完，杨业就带领人马，直奔朔州前线。随同前往的还有他的儿子杨延玉和岳州刺史王贵。

辽军看到杨业前来，就出动大军，把宋军团团围住。杨业父子和他们的部下虽然英勇善战，毕竟寡不敌众。他们从正午一直打到黄昏，只剩下一百多人，好不容易突出重围，且战且走，退到陈家谷。哪知潘美的军队不顾杨业的安危，早已逃跑了。杨业只好带领部下，再跟辽军死战。王贵用箭射死了几十个敌人，箭完了，又用弓打死了几个敌人，最后壮烈牺牲，杨延玉和其他将士也在战争中殉国。

杨业受了十几处伤，还继续苦斗，杀死了几十个敌兵。他因为伤势太重，加上战马重伤，实在走不动了，就到树林中去躲一躲，不幸被敌人射倒。他被俘以后，坚贞不屈，绝食而死。杨业有七个儿子，除杨延玉牺牲外，最著名的要数杨延朗，杨延朗后来改名杨延昭，他镇守边关二十多年，曾多次打败辽军的侵扰。杨延昭的儿子杨文广，也是一个将军，曾在西北和河北一带镇守边境。

【专家品析】

宋太宗后来不仅对杨业进行褒赠，追赠太尉、大同军节度使。杨业死后，他的子孙继承他的精忠报国的遗志，坚持抗击辽国。其中以杨延昭、杨文广最负盛名。北宋著名文学家欧阳修称赞杨业、杨延昭“父子皆名将，其智勇号称无敌，至今天下之士至于里儿野竖，皆能道之”。

宋元的民间艺人把杨家将的故事编成戏曲，搬上舞台。到了明代，民间又把他们的故事编成《杨家将演义》、《杨家将传》，用小说评书的形式在社会民间广泛传播。

【军事成就】

北宋以杨业为代表的杨家将满门忠烈，为了捍卫国家不顾个人安危舍生忘死的献身精神是我们宣扬爱国主义的榜样。杨家将经过千百年的流传，在中国历史上久负盛名，他们的英雄业绩将伴随着中华民族的历史发展永存史册、光照后人。

40 战功累累辅大宋，文人治国后世悲（狄青·北宋）

【生平简介】

姓名：狄青。

出生地：山西汾阳。

生卒年：公元1008—1057年。

身份：军事家。

主要成就：多年征战，为维护宋朝稳定立下汗马功劳。

【名家推介】

狄青（公元1008—1057），字汉臣，北宋汾州西河人，人称“面涅将军”。

他一生骁勇善战，每战必披头散发、戴铜面具。在四年时间里他参加了大小二十五次战役，身中八箭，但从不畏怯。在一次攻打安远的战斗中，狄青身负重伤，仍然冲锋陷阵，在宋夏战争中，立下了累累战功，声名显赫。

【名家故事】

狄青出身贫寒，16岁时，因为他的哥哥和乡人斗殴，狄青代兄受过，后来不得不从军，开始了他的军旅生涯。宋仁宗宝元元年，党项族首领李元昊在西北称帝，建立夏国。北宋朝廷选择京师卫士保卫边境，狄青被推荐就任延州指挥使，当了一名低级军官。在战争中，他骁勇善战，多次充当先锋，率领士兵夺关斩将，先后攻克金汤城，宥州等地，烧毁西夏粮草数万，并指挥士兵在战略要地桥子谷修城，修筑招安、丰林、新寨、大郎等多处城堡。

康定元年，经尹洙的推荐，狄青得到了陕西经略使韩琦、范仲淹的赏识。范仲淹送给他《左氏春秋》对他说："将不知古今，匹夫勇尔。"狄青于是发愤读书，由于狄青勇猛善战，屡建奇功，所以升迁很快，几年之间，历任泰州刺史、惠州团练使、马军副部指挥使等，皇佑四年六月，被推荐任枢密副使。

狄青受命于宋王朝的多事之秋，就在这一年，广西少数民族首领侬智高起兵反宋，自称仁惠皇帝，招兵买马，攻城略地，一直打到广东。宋朝统治者十分恐慌，几次派兵征讨，都损兵折将大败而归。就在举国骚动，满朝文武惶然无措之际，仅做了不到三个月枢密副使的狄青，自告奋勇上表请行。宋仁宗十分高兴，任命他为宣徽南院使，宣抚荆湖南北路，带兵处理两广的重大军事事宜，并亲自在垂拱殿为狄青设宴饯行。

当时，宋军连吃败阵，军心动摇，更有个别将领心怀私利，不以国事为重，竟因害怕狄青抢功而擅自出击，结果大败而归，死伤惨重。狄青受命之后，鉴于历朝借外兵平叛后患无穷的教训，首先向皇帝建议停止借交趾兵马助战的行动。然后他大刀阔斧整肃军纪，处死了不听号令之人，使军威大振，接着命令部队按兵不动，从各地调拨、屯集了大批的粮草。依智高的军队看到后，以为宋军在近期内不会进攻，放松了警惕。而狄青却乘敌不备，突然把军队分为先、中、后三军，自己亲率中军火速出击，一举夺得昆仑关，占取了有利地形，接着命令一部分军队从正面进攻。他执掌战旗率领骑兵，分左右两翼，绕道敌军背后，前后夹攻，一战而胜。班师还朝以后，论功行赏，狄青被任命为枢密使，做了最高军事长官。然而种种祸患也就由此而生。

北宋自开国以来，极力压低武将地位，把仰文抑武作为基本国策。在依智高纵横岭南，满朝文武惊慌失措，狄青受命于危难，率兵出征之际，朝廷在欣喜之余，也仍然不忘狄青是武将，不可单独担当大任，要以宦官任军队监军监视狄青。朝廷迫于当时形势紧急作罢，到狄青凯旋还朝作了枢密使时，这种疑忌和不安达到了顶点。臣僚百官纷纷进言，不仅始终反对狄青做官者如王举正竟以罢官威胁，就连原来屡屡称颂狄青战功，称呼他为良将的庞籍、欧阳修等人也极力反对任命狄青。狄青的品行和武功在当时朝野广为传颂，就连力主罢免他的文彦博也称赞他。欧阳修在嘉佑元年七月上书请求罢免狄青，洋洋数千言，举不出一条得力罪证，反而称赞他“青之事艺，实过于人”、“其心不恶”、“为军士所喜”，任枢密使以来，“未见过失”。那么罪名是什么呢？不得不假托虚妄的阴阳五行说，把当年的水灾归罪于他，说：“今年的大水就是老天爷因为狄青任官而显示的征兆。”简直是无中生有罗织罪名。为什么朝廷如此急于除掉狄青呢？文彦博说得明白，就是因为“朝廷不信任他”。在文彦博请罢狄青时，宋仁宗说：“狄青是忠臣。”嘉佑元年正月，仁宗生了一场病，竟把狄青和皇帝的疾病无中生有的联系起来，于是狄青成为朝廷最大的威胁。在这种猜忌疑虑达到登峰造极的时候，谣言纷起，有人说狄青家的狗头正长角，有人说狄青的住宅夜有光怪，就连京师发水，狄青避家相国寺，也被认为是要夺取王位的行动。嘉佑元年八月，仅做了四年枢密使的狄青终于被罢官，离开了京师。

狄青到陈州之后，朝廷仍不放心，半个月就派遣使者，名为抚问，实是监视。这时的狄青已被谣言中伤搞得惶惶不安，不到半年，发病郁郁而死。这位年仅49岁，曾驰骋沙场，浴血奋战，为宋王朝立下汗马功劳的一代名将，没有在兵刃飞矢之中倒下，血染疆场，马革裹尸，却死在猜忌排斥的打击迫害之中。

【专家品析】

宋朝是文人治国，包括高级军事将领都是书生。从普通士卒到枢密使的狄青是第一人，完全靠的是狄青的勇武拼出来的。狄青不仅战功累累，长于用兵，并且为人谨慎，人品也是非常好的，武将里很难得。最终还是受满朝猜忌最后被贬郁闷而终。

北宋重文轻武的国策，终自食其果，在后来的民族战争中，一直处于被动的地位。到宋神宗登基，想重振国威，但又苦于朝中没有能征善战之人，这才又思念起了狄青，他派使者到狄青家祭奠之灵，并将狄青的画像挂在宫中，但已于事无补，只能是叹息国势日颓。

【军事成就】

狄青在宋夏战争中立下了赫赫战功，声名也随之大振。后来，狄青得到了范仲淹的赏识和鼓励，他发愤读书，“悉通秦汉以来将帅兵法，由是益知名”。由于狄青勇猛善战，屡建奇功，所以升迁很快。

41 民族英雄抗金史，精忠报国大忠臣（岳飞·南宋）

【生平简介】

姓名：岳飞。

字：鹏举 。

出生地：相州汤阴县（今河南安阳汤阴县）。

身份：将军及湖北、京西路宣抚使。

生卒年：公元1103—1142年。

主要成就：收复襄阳六郡之战、洞庭湖之战、郾城大捷、颍昌府大决战。

【名家推介】

岳飞（公元1103—1142），字鹏举，汉族。北宋相州汤阴县永和乡孝悌里（今河南省安阳市汤阴县菜园镇程岗村）人。中国历史上著名战略家、军事家、民族英雄、抗金名将。

岳飞在军事方面的才能则被誉为宋、辽、金、西夏时期最为杰出的军事统帅、连结河朔之谋的缔造者。同时又是两宋以来最年轻的建节封侯者。南宋中兴四将（岳飞、韩世忠、张俊、刘光世）之首。

【名家故事】

辽天庆四年，女真族在首领完颜阿骨打的领导下，举兵反辽，并于次年建立金国。金国立国后，洞知北宋朝政腐败，军队战斗力低下，于天会三年十月，发兵十余万，分两路南下攻宋。

九月，攻陷太原后，转兵进攻北宋国都东京汴梁。金东路军在完颜宗望率领下，自保州出师，在井陉击败宋军抵抗后，攻克重镇真定府等地。

十一月，金东西两路军大军兵临东京汴梁城下，对汴梁形成合围之势。宋钦宗急遣康王赵构赴金营乞和，许诺以黄河为界，金军哪里可能答应，向东京发起猛攻。闰十一月，东京城破，宋钦宗降金。第二年四月，金军掳去徽、钦二帝及后妃、宗室等数千人北撤，北宋灭亡。

金兵虽然南下，攻克汴梁，但河北各州县却大半还在宋军手中，虽然士气低沉，但是民气高涨，康王几经生死，最后终于到达应天府继承帝位，改靖康二年为建炎元年，这就是历史上的宋高宗。初期宋高宗主张收复失地，启用了大批主战将领，其中就有岳飞。岳飞坚决反对议和，主张抗战到底。

这以后，宋金之间的战争进入南北对峙，先是金兀术北撤路过镇江，被韩世忠败于黄天荡；金兵另一支军在攻陕西时，为宋将吴玠阻于和尚原。

在金帅兀术追击高宗时，岳飞在广德境内堵截金兵，六战六胜，擒金兵头目，于是，“岳家军”的名字开始在金兵中流传，待金兀术北返，再遭岳飞截击，在镇江东清水亭的战斗中，致使金兵横尸十五里，又大败金兵于建康，宋高宗因此特为嘉奖岳家军。

在金兀术眼中，南宋实在不堪一击，但他却连吃败仗，宋军在岳飞、韩世忠等名将的率领下，接连取得顺昌、郾城两次大战役的胜利。一月后，兀术卷土重来，不想在郾城遭遇岳飞，岳飞派儿子岳云冲阵，自己带领大军随后接应，金兀术用拐子马一万五千来攻，拐子马为三马相联，身披重铠，只剩眼睛露出来，就如现时的坦克一般，十分凶猛。岳飞派步兵用麻札刀迎战，命令他们砍马足，不许仰视，拐子马因三马相联，一马被砍倒，三马便不能行动，金兀术没料到岳飞使用这种战术，竟然大败亏输，不由痛哭说：“自起兵以来，未尝有如此之败也！”

岳飞乘胜向朱仙镇进军，距东京汴梁仅四十余里，金兀术集合了十万大军抵挡，又被岳飞打得落花流水。岳飞这次北伐中原，一口气收复了颍昌、蔡州、陈州、郑州、河南府、汝州等十余座州郡，并且消灭了金军有生力量，金军全军军心动摇，金兀术连夜准备从开封撤逃。南宋抗金斗争有了根本的转机，再向前跨出一步，沦陷十多年的中原大地，就可望收复了。岳飞兴奋地对大将们说："直抵黄龙府，与诸君痛饮尔！"而金军则发出了"撼山易，撼岳家军难"的哀叹。

金兀术大败，急退守汴京，并收拾金银珠宝，准备北撤。就在岳飞励兵秣马，准备一举收复汴京时，皇帝却连发十二道金牌将他召回。因为在高宗眼中，宋朝终究是打不过金人的，万一打不过人家，又像建炎元年那样，被金人追得东藏西躲，不如休兵言和，而乘胜求和，可以少吃亏。

天命煌煌，一天之内，十二道金牌接踵而至，所谓"十年之功，毁于一旦"，"三十功名尘与土，八千里路云和月"。

岳飞一回到临安，立即陷入秦桧、张俊等人布置的罗网。绍兴十一年，他遭诬告"谋反"，被关进了临安大理寺。监察御史亲自刑审、拷打，逼供岳飞。与此同时，宋金之间正加紧策划第二次和议，双方都视抗战派为眼中钉，金兀术甚至凶相毕露地写信给秦桧："必杀岳飞而后可和"。在内外两股恶势力夹击下，岳飞正气凛然，光明正大，忠心报国。从他身上，秦桧一伙找不到任何反叛朝廷的证据，韩世忠当面质问秦桧，秦桧支吾其词"其事莫须有"。韩世忠当场驳斥："'莫须有'三字，何以服天下？"绍兴十一年农历除夕夜，高宗下令赐岳飞死于临安大理寺内，时年39岁。岳飞部将张宪、儿子岳云也被腰斩于市门。民族英雄岳飞，就在"莫须有"的罪名下，含冤而死，临死前，他在供状上写下"天日昭昭，天日昭昭"八个大字。

岳飞虽然被杀害了，但他的精忠报国的业绩是不可磨灭的。正是他表达了被压迫民族的要求，坚持崇高的民族气节，在处境危难的条件下，坚持了抗金的正义斗争，并知道爱护人民的抗金力量，联合抗金军民一道，保住了南宋半壁河山，使南宋百姓免遭金统治者的蹂躏，从而保住了高度发展的中国封建经济和文化，并使之得以继续向前发展，岳飞不愧是我国历史上一位杰出的民族英雄。

【专家品析】

岳飞提出“武将不怕死，文官不爱钱”，堪称封建社会官吏的行为典范。他廉洁避功、直言不讳、不纵女色、文采风流、治军严明、战功卓著。

岳飞作为中国历史上的一员名将，其精忠报国的精神深受百姓的敬佩。他在出师北伐、壮志未酬的悲愤心情下写的千古绝唱《满江红》，至今仍是令人士气振奋的佳作。他率领的军队被称为“岳家军”，人们流传着“撼山易，撼岳家军难”的名句，表示对“岳家军”的最高赞誉。

【军事成就】

岳飞生活俭仆、爱护士卒、军纪严明、善于练兵。这在中国古代军事史上是较为突出的。岳飞擅长野战，敢于突破宋代战略战术的传统藩篱，组织较大规模的进攻，在南宋将领中是出类拔萃的。其主要战绩有：收复襄阳六郡、偃城大捷，以至连金军统帅金兀术都发出“撼山易、撼岳家军难”这样的哀叹。

岳飛

42 金戈铁马创功勋，峥嵘岁月大元魂（张弘范•元）

【生平简介】

姓名：张弘范。

字：仲畴。

出生地：河北易州定兴。

生卒年：公元1238—1280年。

身份：军事家。

主要成就：为全国统一做出了贡献，在中国历史上，影响意义深远。

【名家推介】

张弘范（公元1238—1280），字仲畴，祖籍河北易州定兴人。元朝著名的军事家、统帅。

他参加过襄樊之战，后跟随元帅伯颜灭宋。在他所指挥的所有战斗中最令人称道的便是“崖山海战”， 在战斗中宋军统帅张世杰凭借崖山天险，采取守势，不敢主动出击；张弘范封锁海口，切断了宋军淡水的来源，宋军被困，将士疲惫不堪。短兵相战，宋军全军覆灭，宋朝至此灭亡，元朝得以统一全国。

【名家故事】

元军攻占建康后，南宋的京城临安危在旦夕，宋廷不得不发出勤王的号令。但宋朝军民响应勤王号召的只有张世杰和文天祥等少数人。同年五月，忽必烈命令驻兵休整，不可轻敌贪进，以免造成失误。而张弘范则从军事形势考虑，认为应当乘破竹之势，不可贻误战机。他和伯颜商讨后，伯颜同意他的意见，命令他用当时最快速的交通手段——蒙古驿站的快马，奔驰到忽必烈的驻地，面陈形势。忽必烈是个指挥战争的行家，当然懂得战机稍纵即逝，于是收回成命，决定继续追击。张弘范返回防地后，激战就开始了。

七月，张弘范与南宋张世杰、孙虎臣等所率水军的焦山之战是场决定性的战役。这场会战，南宋全线溃败，张弘范率军直追至圌山之东，这是临安陷落之前元军伐宋的最后一次大战役。由于这次战役的功劳，忽必烈赐张弘范拔都的荣誉称号。

至元十三年正月，宋廷派遣宗室赵尹甫、赵吉甫携带传国玉玺及降表赴元军大本营乞和。伯颜看了降表后，派遣张弘范等人带着伯颜的命令，先入临安城，责备宋大臣背约失信之罪。张弘范等终于说服了宋廷，取得宋王改称臣仆，屈辱请降的表文。三月，伯颜兵进临安，宋恭帝等均被押送至大都。至元十四年元军凯旋，张弘范也加官进爵，被授予镇国上将军的军阶，任命为江东道宣慰使，这时张弘范41岁，已经是武职官员中二品大员。

第二年四月，文天祥、张世杰等拥立广王赵昺为帝，改元祥兴。闽、广一带不愿投降的南宋臣民们，对这个政权总还给予希望。元政府当然不能容忍有一个打着南宋旗号的政权继续存在，于是决定要把这个流亡政府扼杀在摇篮里，这个任务又落在张弘范肩上，忽必烈调拨了二批蒙古军归他指挥，并且授予他“蒙古汉军都元帅”的头衔。

他这支由蒙汉混合组成的南征军，水陆共二万人，分道南下。张弘范确也不负所托，军锋所向，沿海的漳、潮、惠、潭、广、琼诸州，相继告捷。张弘范军与宋丞相文天祥所部在潮州五坡岭相遇，宋军寡不敌众，文天祥被俘。元军士兵们捆绑着文天祥到了张弘范军营，用枪、矛等武器百般威胁叫他拜见张弘范，文天祥不为所动，拒不下拜，张弘范被面前这个铁汉子的正气所感动，让左右给文天祥松了绑，以客礼相见。

至元十六年正月，张弘范统率的元朝水军抵达崖山后，当时，张世杰尚拥有战舰一千艘。他采取了守势，把舰只排成一字阵，联结在一起，企图死守。张弘范采用封锁海口的办法，切断了宋军淡水的来源，宋军被困，取海水解渴，纷纷呕吐，士兵们疲惫不堪。张弘范做了四面包围的严密部署，一直等到副帅李恒从广州赶来会师才发动了总攻。他目的在于消灭宋军的有生力量，要一举歼灭。二月初六早晨，张弘范大军用炮石、火箭作掩护，插入宋军舰队主力之中，元军跳上宋船后，短兵相战，发挥北方军队的优势，宋军溃不成军。宋左丞相陆秀夫抱着年仅七岁的宋帝赵昺投海而死。张世杰冲出重围，准备招集旧部，找寻赵宗室后裔再图恢复。元军李恒的舰队追至大洋，没有追赶上。不幸张世杰遇到大风浪船翻了，全船的人都淹死在平章山下，南宋王朝的这幕亡国悲剧至此完全结束。

十月，张弘范班师还朝，朝廷上安排了不少庆功活动。忽必烈在内殿宴请这位百战归来的将领，为他洗尘，慰劳他的凯旋，是这一系列庆祝活动的顶峰。

由于张弘范不适应南方的气候和水土等环境，加上又得了疟疾，返回大都后不久就病倒了。忽必烈十分关心这位由前线归来的勇士，特命御医前往护视，并规定每天要把张弘范的病情做专门的汇报。至元十七年正月初十病卒，张弘范短促的一生，仅有43岁。死后元朝追赠他银青荣禄大夫，平章政事，谥武烈。

【专家品析】

从历史的发展上看，蒙古灭金后，经过长达四十年的蒙宋战争，终于由忽必烈重新奠定了全中国的统一，结束了分裂和割据的局面，这是历史前进的需要。中国作为多民族的国家，已有两千年的历史。除汉族外，还有许多少数民族。因此，不应认为只有汉族才是当然的统治民族，元朝是中国历史上第一个少数民族统治全国的王朝，这是历史的事实。

张弘范为全国统一做出了贡献，他在进军中尽量减少破坏和屠杀，在政治上支持忽必烈的汉化改革措施，抛弃蒙古旧制，坚持统一，这都是有积极意义的。元朝建国，这个王朝促进了国内各民族间经济、文化的交流和边疆的开发，初步奠定了中国疆域的规模，扩大了中外交通，为科学技术的发展提供了条件。和腐朽软弱的南宋来相比，中国历史是前进的。张弘范在这个开创时期的所作所为，对整个元朝来说，对整个中国历史来说，影响是具有深远意义的。

【军事成就】

张弘范为全国统一做出了贡献，他在进军中尽量减少破坏和屠杀，在政治上支持忽必烈的汉化改革措施，抛弃蒙古旧制，坚持统一，这都是有积极意义的。

43 北京保卫战扬名，石灰吟民族英雄（于谦•明）

【生平简介】

姓名：于谦。

别名：廷益、节庵、于少保。

出生地：杭州钱塘（今浙江杭州）。

生卒年：公元1398—1457年。

职业：民族英雄。

主要成就：北京保卫战。

【名家推介】

于谦（公元1398—1457），字廷益，号节庵，官至少保，世称于少保，汉族，明代名臣，民族英雄。天顺元年被以“谋逆”罪冤杀。有《于忠肃集》传于后世。于谦与岳飞、张煌言并称“西湖三杰”。

于谦是我国明代杰出的政治家和军事家，在明朝“土木堡”事件后明英宗被俘，蒙古军趁势南下想一举歼灭明朝。于谦一个人坚持要抗争到底，并且接受了抵御外敌、保卫京城的重任，于谦调配全国的兵力，在他的指挥下最终打败了瓦剌，保卫了京城。

【名家故事】

明朝英宗正统十四年，英宗朱祁镇在宦官王振的怂恿下，率五十万大军亲征瓦剌，结果在土木堡惨败，英宗被俘。这就是历史上著名的“土木之变”。之后，主战的兵部尚书于谦请立英宗弟朱祁钰为皇帝，尊英宗为太上皇。土木堡事变后一个半月，瓦剌也先再次出兵。瓦剌军从紫荆关和白羊口两路进攻京师的消息传来后，朝廷大震。当天，北京全城戒严。十月初八，景帝下旨命兵部尚书于谦提督各营军马，统一指挥京城防卫。

十月十一日，随着号角声长鸣，瓦剌军前锋到达京师，并在西直门外列阵，摆开了要大战一场的架势。当日，于谦趁敌军立足未稳，派都督高礼、毛福寿率军出击，明军与瓦剌军交战于彰仪门城北，瓦剌军大败。明军杀敌数百人，初战告捷，军威大振，人心振奋。

十月十三日，瓦剌军到德胜门窥探明军阵势，于谦料知瓦剌军将倾全力攻打德胜门，命石亨事先伏兵于道路两侧的空房中，只以小队骑兵诱敌。瓦剌军见状来攻，明军佯装败退，瓦剌军精骑万余呼啸追来，石亨率领伏兵截断了瓦剌军退路。当时已经是冬季，天气寒冷，在这样恶劣的天气中，瓦剌军和明军双方展开了激烈的战斗。明军神机营的火炮、火铳一齐射击，硝烟弥漫中，也先的弟弟孛罗、瓦剌部的“平章”卯那孩先后中炮而死，孛罗素有“铁元帅”的称号，他的死，对瓦剌军士气打击很大。

进攻德胜门的瓦剌军败退后，转攻西直门。明军守卫西直门的是都督刘聚。他早有准备，背城列阵，前面是极深的一道壕沟，瓦剌军刚一逼近，躲在壕沟后的明军火器齐发，瓦剌军攻势受阻，见无法突破壕沟，只好往西而走。

此时西直门西边的明军是右都督孙镗，孙镗本来奉命率军一万，前往紫荆关御敌，但军队还没有开拔，紫荆关已经失守，孙镗大军便在北京城外驻扎。但此刻孙镗驻扎在西直门外的大营不过五百多人，手下大部明军都驻守在良乡、涿州一带，远水解不了近渴。孙镗见瓦剌败大军来到，亲自率军迎敌，斩瓦剌军前锋数人，瓦剌军竟然被孙镗五百人杀退，往北退去。

孙镗见敌众我寡，不敢追击，退军到西直门下，要求西直门守将打开城门，放他进去。此时西直门城上有都督王通和都御史杨善，不敢轻易做主。吏科给事中程信奉旨在西城监军，坚持闭门不许孙镗进城，以免给瓦剌军以可乘之机。此时，瓦剌一队人马杀到，程信只下令从城上用枪炮遥击瓦剌军，为孙镗助威助战。

孙镗见已经没有退路，只好率军与瓦剌在城下拼力血战，瓦剌军有数千人之多，数倍于孙镗军，敌强我弱，实力对比悬殊，眼见孙镗就要不敌的时候，明都督高礼、毛福寿等率军从南面赶来助战。西直门外激战更急，双方混战在一起厮杀。混战中，孙镗军有些抵挡不住，被瓦剌军四下围住，明军被逼着后退，战阵渐渐逼近西直门城门。危急时刻，石亨与侄子石彪率援军赶到，石亨的兵器是一把大刀，石彪则用一把巨斧做兵器，所向披靡，瓦剌军领教了厉害，立即望风而逃。这时候已经是黄昏，天光渐暗，石亨下令收兵，没有继续追击。

十月十四日，在德胜门和西直门遭遇失败的瓦剌军又进攻彰义门。于谦命副总兵武兴、都督王敬、都指挥王勇率军迎战主动出击。明军前队用神铳火器冲锋，后队用弓弩短兵跟进，挫败了瓦剌军的前锋。但景帝派来的监军太监想要争功，领着数百骑驰马抢前，明后军因而阵乱。瓦剌军乘势反击，总兵武兴不幸中流矢而死，明军受挫败退，瓦剌军追击明军到土城，当地居民舍死忘生，登屋号呼，投砖石阻击瓦剌军。情势危急之时，佥都御史王竑和副总兵高礼、毛福寿率领的援兵赶到，瓦剌军仓皇撤退。

前几次交锋，均瓦剌军大败告终，然而，瓦剌军元气未失，集结在德胜门外土城关一带的军队还有三万之多。对于明军而言，有当时世上无可比拟的火器优势。

京城九门之中，以德胜门和西直门配置火炮的架数最多，火力也最强。于谦早就想炮轰德胜门外的瓦剌军，不过因为英宗朱祁镇在瓦剌军中，因而有所顾忌。但突然传来一个好消息，说也先的弟弟伯颜帖木儿已经护送英宗往西去了，于谦侦察核实后，立即下令开炮轰击也先的大营。

十月十五日晚，炮声震天，驻扎在城外的明军都点起火炬，以免被城中炮火误伤。明军炮轰了一夜，声势惊人，瓦剌军死伤上万，其余人分西、北两路逃走，北路出居庸关，西路出紫荆关。

北路出居庸关的瓦剌军大都顺利逃脱，而西路的瓦剌军就不是那么顺利了。明军右都督孙镗大军正分布在紫荆关的方向，大破也先瓦剌败军于涿州。刚好明军宣化守将杨洪奉诏率军两万赶来京师，在半路遇到被孙镗打败的也先瓦剌军，又一场大战，瓦剌军溃败。

北京保卫战届时几个月，最后以瓦剌军溃败而结束，而指挥这次保卫京师战斗的于谦从此名满天下，他处危不惊、指挥若定的气度才能，成就了盖世英名。

【专家品析】

北京保卫战，在明朝历史上乃至中国历史上都占有重要的地位。北京保卫战，确保了明朝京师北京的安全，它粉碎了瓦剌也先图谋中原的企图，此后瓦剌很难再次组织起大规模的武力入侵行动。同时，北京作为抵抗瓦剌最重要的堡垒发挥着重要的作用，并形成了以北京为中心，以宣府、大同、居庸关为屏障的整体防御体系，有效地抵御了外族军队的侵扰，确保了内地人民正常的生产、生活。

北京保卫战是一次壮举，是于谦人生中的最亮点，因此，于谦成为中国历史上最为著名的民族英雄之一。

【军事成就】

于谦北京保卫战，他临危受命，亲自指挥数十万军民进行了垂范青史的北京保卫战，使明朝避免重蹈北宋覆辙，并促使英宗朱祁镇顺利南归，从而取得了军事上和民族关系上的重大胜利，书写了中国历史上辉煌壮丽的篇章。

44 抗倭寇名垂千古，战蒙古阵亡忠臣（李如松•明）

【生平简介】

姓名：李如松。
字：子茂；号仰城。
出生地：辽东铁岭卫。
生卒年：公元1549—1598年。
身份：将军。
主要成就：平定宁夏叛乱、指挥抗倭援朝战争。

【名家推介】

李如松（公元1549—1598），字子茂，号仰城，辽东铁岭卫人。在与蒙古部落的交战中阵亡。死后，朝廷追赠少保宁远伯，立祠谥忠烈。

他是明朝名将，指挥过万历二十年的平定宁夏哱拜叛乱、闻名世界的壬辰抗倭援朝战争，他的抗倭成就名垂千古。综观李如松一生用兵，深谙兵法，奇正相辅，一往无前，悍勇武威，狡计奇谋。平壤攻坚战石破天惊，碧蹄馆遭遇战气壮山河，龙山奇袭战一剑封喉。

【名家故事】

万历二十年四月，李如松临危受命，出任提督陕西讨逆军务总兵官，统军围剿宁夏叛军，这就是著名的“万历三大征”中的第一征。六月，李如松率平叛大军抵达宁夏，七月，命明军麻贵部出击，击败蒙古得套部，追至贺兰山，并将敌军尽数逐出塞外，剪除了叛军的外援。与此同时，各路援军将宁夏城团团包围。李如松在仔细观察了地形和宁夏城防之后，下令决开黄河，水淹宁夏城。城内弹尽粮绝，军心涣散，斗志全无，叛军失去外援，内部也发生了火并。九月十六日，宁夏城防崩塌，李如松乘势下令攻城，一举攻入城内，至此，宁夏叛乱全部平息。

万历二十年十二月，明朝政府任命刚刚结束宁夏战斗的李如松为东征提督，统蓟、辽、冀、川、浙诸军东征抗倭。明军在李如松的带领下，誓师东渡参加了世界史上著名的壬辰抗倭援朝战争，这是“万历三大征”中的第二征。

东征大军兵临平壤城下，盘踞平壤的是日将小西行长指挥的侵朝日军第一军团。次日拂晓，明军发起总攻，上百门火炮猛轰平壤城头，炮火结束之后，明军各攻城部队呐喊着踏过结成坚冰的护城河扑向城下，枪林弹雨中数百架攻城梯架上城头，平壤各门顿时陷入了激烈交战。平壤日军虽伤亡惨重，但在小西行长的亲自督阵下仍然拼死抵抗，战场形势陷入白热化状态。

正午时分，一万名化装成朝鲜军的明军利用日军的麻痹轻敌攻上城南的芦门，砍倒了日军军旗，插上了明军的旗帜，明军不断攀上城头，欢呼声响彻云霄。一门失守，六门皆惊，城头日军的意志瞬时间崩溃了，纷纷弃城而逃，随后七星门也被明军大炮轰塌，明军骑兵如潮水般冲进城内。日军残余主力约九千余人拼死突围，借夜色掩护向城南杀去，日军一路畅通无阻冲出城外，城南不远就是大同江，时值隆冬，十里宽的江面全部冰封，日军先头骑兵部队迅速通过，日军大队人马喜出望外，争先恐后的过江，一时间江面上布满了人群。

就在这时，早已隐蔽待命的明军火炮突然开火，雨点般的炮弹落入过江的日军人群里，江面的冰层被明军重炮炸开无数条口子，日军顿时乱作一团，加上马踏人踩，裂口越来越大，接着大面积崩塌，成群的日军掉进冰冷刺骨的江水中，连呼救都来不及就顺流冲到冰面下，侥幸逃上南岸的日军惊魂未定，埋伏在南岸的明军骑兵部队已经等候多时了，惊骇万状的小西行长丢下大队人马，仅率轻骑部队一路狂奔，沿途被明军、朝鲜军、朝鲜义军连番追杀，最后总算在开城日军的接应下撤回黄海道。

1593年，明军的一支侦察部队约三千骑兵在汉城郊区与日军北上诱敌部队加藤光泰部遭遇并爆发激战，明军大胜斩首六百余级。加藤光泰败退后，立刻报告了汉城日军总部。随后，日军第六军团主力、第三、第九军团各一部共三万六千余人先后赶到战场，他们认为这是明军的大部队，准备将这支明军包围在碧蹄馆。

碧蹄馆一昼夜交战阵亡日军将领高达十五员之多，日军指挥官小早川隆景向高级指挥官丰臣秀吉汇报时声称打退了十万“明军铁骑”的进攻，当时明军在朝总兵力不过才四万，明军强大的战斗力极大震慑了日军，使其彻底丧失了与明军野战的信心。十二万日军面对仅仅三万多明军竟然龟缩一团，不敢出战，而明军由于兵力有限，无法展开强攻，于是双方在汉城一线展开对峙，一时间战局似乎陷入了僵局，这种对峙局面很快就被李如松打破。

龙山大仓本为朝鲜国仓，积贮了朝鲜数十年的粮食，汉城被日军占领后，龙山大仓就成为汉城日军的军粮库，后来日军运来的粮食都存于此地。李如松得到这一情报后，密令查大受和李如梅率敢死队七百名勇士深夜奇袭龙山大仓。十三座大仓，数十万石粮食，一夜间被烧的干干净净。夜袭龙山之战，明军仅以微小的代价就将十几万日军置入绝境，李如松真是神将。

万历二十一年十二月，李如松回国述职，朝廷论功，加太子太保，中军都督府左都督，辽东总兵官。万历二十六年四月，鞑靼土蛮进犯辽东，李如松率轻骑追击，与数万鞑靼骑兵遭遇，李如松率所部三千余人浴血奋战，阵亡于抚顺浑河一带，卒年50岁。一代名将，血染沙场，马革裹尸。万历皇帝追赠少保宁远伯，立祠谥忠烈。

【专家品析】

万历三大征，李如松攻必克；战必胜，综观李如松一生用兵，深谙兵法，奇正相辅，一往无前。平壤攻坚战石破天惊，碧蹄馆遭遇战打的气壮山河，龙山奇袭战一剑封喉。

李如松不是一个与人为善的人，他桀骜不逊，待人粗鲁，但这些丝毫无损于他的成就与功勋，因为他是一个军人，一个智勇双全、顽强无畏的军人。在短暂的一生中，他击败了敌人，保卫了国家，他已经尽到了自己的本分。

【军事成就】

李如松是明朝名将，指挥过万历二十年的平定宁夏哱拜叛乱、闻名世界的壬辰抗倭援朝战争，出任辽东总兵，以其抗倭成就名垂千古，后在与蒙古部落的交战中阵亡。

45 孤军奋战于宁远，大明英烈凌迟魂（袁崇焕•明）

【生平简介】

姓名：袁崇焕。

字：元素；号自如。

出生地：广东省东莞县石碣镇水南乡。

生卒年：公元1584—1630年。

身份：辽东巡抚、蓟辽督师。

主要成就：宁远大捷、宁锦大捷。

【名家推介】

袁崇焕（公元1584—1630），字元素，号自如，广东承宣布政使司广州府东莞县石碣镇水南乡（今广东省东莞市）人。明万历四十七年进士，明朝杰出的军事家、政治家和文学家、文官将领。带兵守卫山海关及辽东；指挥宁远之战、宁锦之战。

他戎马一生，为守卫明朝东北边疆、抵御清军进攻，立下了赫赫战功，不幸遭奸佞陷害，致使崇祯帝中了皇太极的离间计，错杀袁崇焕，造成千古奇冤。

【名家故事】

明朝的辽河以东土地沦陷之后，后金与明朝继续在辽西进行军事上的争夺。宁远的守卫袁崇焕既得不到兵部尚书、蓟辽经略高第的支持，又失去老师大学士韩爌和师长大学士孙承宗的支援，在关外城堡撤防、兵民入关的极为不利情势下，率领一万余名官兵孤守宁远，以抵御后金军的进犯。袁崇焕修建宁远城完工不久，后金发动对宁远的进攻，袁崇焕顶住辽东经略高第的巨大压力，守孤城宁远，进行保卫血战。

正月十四日，努尔哈赤率诸王大臣，统领六万大军，号称二十万，进攻宁远城。十七日，西渡辽河，八旗劲旅布满辽西平原，军容强盛扑向宁远。

袁崇焕驻守孤城宁远，城中士卒不满两万人。他鼓励城中军民：“死中求生，必生无死”，他面临紧急态势，上奏疏表决心：“誓与宁远城共存亡。”

袁崇焕做了如下守城准备：制定兵略，凭城固守；激励士气，布设大炮；整肃军纪，以静待动；重金赏勇，鼓励士气；防止逃兵，预先布置。于是一场大战迫在眉睫。

二十三日，八旗军穿过宁远城东五里处的首山与螺峰山之间隘口，兵近宁远城郊。努尔哈赤命离城五里，横截山海大路安营布阵，并在城北扎设统帅大营。努尔哈赤在发起攻城之前，释放被虏汉人回宁远城，传下汗旨，劝说投降，但遭到袁崇焕的严辞拒绝。

袁崇焕断然拒绝努尔哈赤诱降之后，命令向城北后金军大营施放西洋大炮，后金军不敢留此驻营，将大营移到城西。努尔哈赤见袁崇焕既拒不投降，又发炮轰击大营，命准备战事工具，次日攻城。

后金兵推楯车，运钩梯，步骑蜂拥进攻，万矢齐射宁远城上。在宁远城上，明军箭镞如雨注，悬牌似猬皮。明军凭坚城护卫，既不怕城下骑兵猛冲，又能够躲避箭矢射击。后金集中兵力，攻打城西南角。明军将官领兵坚守，祖大寿率军应援。明军用矢石、铁铳和西洋大炮向下射击，后金兵死伤累累，又转向进攻南城。后金军在城门角两台间火力薄弱处凿城，明军以城护炮，以炮卫城。后金兵顶着炮火的轰击，用楯车撞城，冒着严寒，用大斧凿城。明军发矢镞，掷礌石，飞火球，投药罐。后金兵前仆后继，冒死不退，前锋挖凿冰冻土城，凿开高二丈余的大洞三四处，宁远城受到严重威胁。袁崇焕在严重危急关头，身先士卒，不幸负伤。在城危之时，袁崇焕命官兵用芦花、棉被装裹火药，起名为“万人敌”，并选五十名精壮兵士用棉花火药等物烧杀挖城墙的后金兵士兵。这一天，后金军攻城，自清晨至深夜，尸体堆积城下如山，宁远城也几乎陷落。

二十五日，后金兵再倾力攻城，城上施放炮火，后金兵惧怕利炮，一波波的冲杀，留在城下大量的尸体。后金兵士一面抢走城下尸体，运到城西门外砖窑焚化，一面继续攻城。但破城似乎成了无为的幻想，于是努尔哈赤下令收兵。

在宁远处于危急时刻，辽东经略高第和总兵杨麒却拥兵山海关不救。二十五日，后金军继续攻城，又遭到守城军民英勇抗击。精于骑射的八旗兵，在深沟高垒面前，矢石炮火之下难以发挥特长，伤亡甚众，被迫撤军。

宁远之役，后金努尔哈赤为明军炮弹击伤。努尔哈赤原想出师宁远城，后夺取山海关，不料败在袁崇焕手下，当时袁崇焕43岁，初历战阵；努尔哈赤已68岁，久经沙场。努尔哈赤因此役失败，于八月十一逝世。

努尔哈赤在宁远遭到用兵四十四年来最严重的惨败，明军杀伤后金军一万七千余人，挫败了努尔哈赤夺占辽西和山海关的企图，是明朝对后金作战的一次重大胜利。宁远之战明军获得大捷，从而暂时缓解了后金对大明王朝的战争压力，袁崇焕的历史功绩是不可磨灭的。

【专家品析】

当时，明军里有句老话叫，女真不满万，满万不可战，可这句话却被一个叫袁崇焕的书生打破了，明朝实行文官带兵的弱智制度，可偏偏运气好，赶上了袁崇焕这个天才军事家。宁远大战一万残兵斗败十三万八旗铁骑。

假如崇祯皇帝用人不疑，袁崇焕五年复辽并不是不可能实现的。关宁铁骑有不亚于满清八旗的高素质骑兵队伍，还有远强于八旗的火器装备，其骑兵多数配备了火龙枪，并有数百门一流火炮，可谓是能攻善守，尽管这支军队在数量上不如满洲八旗，但如果明朝真能给袁崇焕足够时间将军队扩充，那必将锤炼出一支无敌天下的精锐。可叹明朝皇帝自毁长城，遗恨千古。

【军事成就】

袁崇焕凭着永不衰竭的热忱，一往无前的豪情，激励了所有的将士，将他的英雄气概带到了每一个部属身上。他是一团熊熊烈火，把部属身上的血都烧热了，将一群萎靡不振的残兵败将，练成了一支死战不屈的精锐之师。

46 抗倭寇民族英雄，戚家军后世褒炳（戚继光·明）

【生平简介】

姓名：戚继光。
别名：南塘、孟诸。
出生地：山东微山鲁桥镇。
生卒年：公元1528—1588年。
身份：军事家。
主要成就：创建著名的“戚家军”、率领“戚家军”扫平倭患。

【名家推介】

戚继光（公元1528—1588）字元敬，号南塘，晚号孟诸，汉族，山东登州人。明代著名抗倭将领、军事家。

他一生率军于浙、闽、粤沿海各地抗击来犯倭寇，历经十余年，大小八十余战，终于扫平倭寇之患，被现代中国誉为民族英雄，卒谥武毅，世人称其带领的军队为“戚家军”。他有多部军事著作及诗作传世，戚继光纪念馆现为福建省爱国教育基地。

【名家故事】

明初开始，倭寇对中国沿海进行侵扰，从辽东、山东到广东漫长的海岸线上，倭寇经常侵扰，到处烧杀抢掠，沿海居民深受其害。倭寇长期为患，闽、浙沿海地区百姓民不聊生。

抗倭斗争中涌现出了戚继光为代表的爱国将领，他们依靠百姓的力量，在抗倭斗争中屡建战功，终于取得了抗倭斗争的胜利。戚继光英勇善战，屡立战功，东南沿海倭患在他的抗击下完全解除，他的军队被誉为“戚家军”。

明代名将戚继光不仅有一腔爱国热情和战场指挥才干，还是一位锐意进取，他采取了对军事制度一系列的改革，成为明朝后期衰败阴暗局面中的一个亮点。

1555年，戚继光就任浙江都指挥使，中国东部沿海正不断受到倭寇侵犯。一股七十人的倭寇登陆后竟深入腹地行程千里，从浙东窜入安徽、江苏，一路掠杀，最后这股倭寇虽然被歼，但明军伤亡竟达四千人。

当时中国人口、财力和军队数量都超过日本多倍，倭寇还非正规军，然而明军几十年间在沿海却陷于被动挨打的局面。仔细分析这一反常现象，可以看出当时中日双方在军事组织和战术上的差距。倭寇虽缺乏统一指挥，只以小股力量杀人越货，却体现出他们结构的严密、飘忽不定的狡诈战法并配备了仿西洋火枪而制成的鸟铳，因而屡屡以少胜多。明朝军队量多而质差，偌大的明王朝，作战的能力十分有限。

戚继光奉命抗倭后，立即改革军制，招募流亡农民和矿工，组建新部队。这些士兵多受过倭祸之害，戚继光以“保国卫民”训导官兵，同时严肃军纪，采取了鸳鸯阵等新战术，组织调度灵活。戚继光还注重研究葡萄牙和日本的新式火器，仿制出鸟铳和“佛朗机”炮，从而使明军进入了冷热兵器混用的阶段。军制改革后，这支军队出现在浙东沿海战场，抗倭形势很快改观。

嘉靖四十年，倭寇几千人袭击浙江台州、桃渚、圻头等地，戚继光率部队在人民群众的配合支持下，先后九战九捷，歼灭大量倭寇，取得了决定性的胜利。第二年，倭寇大举进犯福建，官军与倭寇相持一年多，大批新来的倭寇又互为声援，使福建频频告急。戚继光又率军进入福建剿寇。戚继光率军攻下横屿，又乘胜攻下牛田，捣毁倭寇巢穴。倭寇逃向兴化，戚继光乘胜追击，连夜作战，连连攻克倭寇六十个营寨，斩首无数。戚家军进入兴化城，受到了百姓的热烈欢迎。戚继光回师福清，又歼灭登陆的倭寇两百人。同时明朝将领也屡败倭寇，盘踞在福建境内的倭寇几乎被全部消灭。戚继光返回浙江后，倭寇又大肆劫掠福建沿海，嘉靖四十一年底攻陷兴化府城，在城中烧杀奸淫掠夺，无恶不作，盘踞两个多月才弃空城退出，经岐头攻陷平海卫，以此为巢四出骚扰，福建再次面临倭患的威胁。明朝调新任福建总兵俞大猷和先期援闽的广东总兵刘显与戚继光一道抗击福建倭寇。

嘉靖四十二年四月，戚家军再次进入福建。在攻击平海卫倭寇的战斗中，戚家军为中军，担任正面进攻，俞大猷为右军，刘显为左军，从两翼配合攻击。二十一日，戚家军以胡守仁部为前导分兵三路，以火器打乱了倭贼前锋骑兵，乘势发动猛攻，俞、刘二部从两翼投入战斗，倭寇三面受敌，狼狈窜回老巢。三路明军乘胜追击，将敌人围困于巢中，并借风火攻，荡平了倭巢，此战只用了四五个小时，歼倭两千多人，解救被掳男女三千多人，明军收复兴化城。平海卫之战后，戚继光又率部消灭了原侵扰政和、寿宁的倭寇。嘉靖四十三年，又相继大败倭寇于仙游城下。其后戚继光又在福宁大败倭寇，并与俞大猷一起最后扫清了福建境内的倭寇。余倭逃往广东，至此，福建倭患基本平定。

倭寇的侵掠骚扰，给东南沿海地区的人民生活和社会经济造成了极大的破坏。平定倭患，使人们能安居乐业，发展生产。在平定倭乱的过程中，明朝政府的一些官员认识到，“海禁”既不能限制私人海上贸易，也不能防止倭寇。反而驱使沿海居民走上武装走私的道路，与倭寇内外勾结，为害颇大。嘉靖末年，比较有远见的官僚，纷纷建议政府解除海禁，发展海上贸易。到明穆宗隆庆时，明政府开始取消“海禁”，准许对外通商。这无疑顺应了社会经济发展的趋势，促进了正常的海上贸易和东南沿海商品经济的发展。

【专家品析】

抗倭斗争的胜利，与广大人民群众的支持和其他抗倭将领的配合是密不可分的。戚继光率领戚家军实现了他的灭倭志向。在剿倭战争中，戚继光身先士卒，与士兵同甘共苦；严格要求士兵，不准扰害百姓，做到兵民相体；在战略战术上，攻其无备，出其不意，进攻重点集中兵力打歼灭战，发挥集体互助、长短兵器结合的机动、灵活、严密的作战力量，有效地打击敌人。这是戚家军屡败倭寇的重要原因，也是戚继光和戚家军留给后人的一份宝贵财富。后人追念戚继光这位民族英雄的业绩时，也会引出一些遗憾。从当时中日双方的战略态势看，最有效地平定倭患应是建立一支实力胜于日本海盗的舰队。然而明朝当权者承袭了农耕民族的保守观念，缺乏海洋观念，对付海上来敌主要靠的是陆战。试想，若是戚继光的军队能指挥舰队驰骋东海，那后来的历史也必将改写。

【军事成就】

戚继光剿倭，先后荡平福建、浙江等地倭寇，取得台州、横屿，平海卫、仙游等战役的胜利，在扫除东南沿海倭患战斗中作出很大贡献。戚继光以捍卫边疆为已任，屡克强敌，战功卓著，有《纪效新书》、《练兵实纪》、《止止堂集》等书传世。

47 收复国土载史册，海峡两岸均树碑（郑成功·明）

【生平简介】

姓名：郑成功。

别名：郑森。

出生地：日本九州平户藩。

生卒年：公元1624—1662年。

身份：军事家、政治家。

主要成就：驱逐荷兰人、收复宝岛台湾。

【名家推介】

郑成功（公元1624—1662），汉族，明末清初军事家，民族英雄。本名森，又名福松，字明俨，号大木，福建省南安市石井镇人。

郑成功一生，抗清驱荷，以赶走荷兰殖民主义者、收复祖国领土台湾的业绩载入史册，海峡两岸均立像树碑纪念。有《延平王集》传世。

【名家故事】

明天启四年，荷兰殖民主义者侵占中国台湾，清初，郑成功下决心赶走侵略军。1661年阴历2月，郑成功率领众将士在金门“祭江”，举行隆重的誓师仪式，一切准备就绪，郑成功亲自率领海上作战部队，向台湾挺进。

郑成功率船队冒着暴风雨横渡海峡，他们同风浪搏斗了半夜，于4月1日拂晓航行到鹿耳门港外。郑成功换乘小船，由鹿耳门登上北线尾，并派出精良的潜水健儿进入台江内海，侦察荷军情况。

郑成功军队一路驶入台江，准备在禾寮港登陆。台湾城上的荷军原以为中国船队必从南航道驶入，忙于用大炮拦截，未料到郑成功却躲开了火力，船队从鹿耳门驶入台江，在大炮射程之外，荷兰侵略者面对浩浩荡荡的郑军船队，顿时束手无策。在北线尾登陆的一支郑军，驻扎于鹿耳门，以牵制荷兰侵略军兵船，兼防北线。

郑军从禾寮港登陆扎营后，四月初三，在北路发生了北线尾陆战。北线尾是一个不到一平方公里的沙洲，南端与台湾城相对，北端临鹿耳门航道，荷军趁郑军刚刚登陆，率领240名士兵，乘船沿台江岸边急驶北线尾，上岸后即分两路向郑军反扑。

荷兰海军以仅有的两艘战舰和两艘小艇阻击郑军，郑成功以60艘大型帆船包围荷兰战舰，荷舰“赫克托”号首先开炮，其他战舰也跟着开火，郑军水军个个奋勇争先，经过激烈战斗，“赫克托”号被击沉。其他战舰企图逃跑，又被郑军舰船紧紧包围，郑军用五六只大帆船尾追“格拉弗兰”号和“白鹭”号，展开接舷战、肉搏战。英勇的郑军士兵冒着敌人的炮火爬上“格拉弗兰”号，砍断船靠，又用铁链扣住敌舰船头斜桅，放火焚烧。“格拉弗兰”号和“白鹭”号受重创挣脱逃跑，通信船“伯玛丽亚”号战败后逃往巴达维亚。

荷兰海、陆作战均告失败，赤嵌城和台湾城已成为两座孤立的城堡，相互间的联系完全割断。郑成功迫降赤嵌城后，为了牵制台湾城荷军，自四月初以来，双方一直进行着零星战斗。郑成功一方面积极准备攻城，郑成功鉴于台湾城城池坚固，强攻一时难以得手，为了减少伤亡，进一步做好准备，郑成功三次写信劝降，可驻守的荷军仍幻想巴达维亚会派兵增援，拒绝投降。

7月21日，驻台湾荷军当局决定，用增援的舰船和士兵，把郑军逐出台湾城市区，并击毁停泊在赤嵌城附近航道上的郑军船只，以摆脱被围困境。荷军分水、陆两路向郑军发起进攻，海上，荷舰企图迂回郑军侧后，焚烧船只，反被郑军包围，郑水军隐蔽岸边，当敌舰闯入埋伏圈后，立即万炮齐发。经过一小时激战，击毁荷舰两艘，俘获小艇三艘，荷军其余舰船逃往巴达维亚。陆上，荷军的进攻同样遭到失败，此后，荷军再也不敢轻易与郑军交战。台湾城的荷军被围数月，军粮得不到补给，因而士气低落，不愿再战。十月，荷兰军队为了挽救行将灭亡的命运，企图与清军勾结，夹击郑成功军，使者到福建后，清军要求荷兰人先派战舰帮助他们攻打厦门，然后再解荷军之围，荷军无可奈何，荷军勾结清军夹击郑军的企图完全落空了，士气更加低落，不少士兵力求活命，陆续向郑军投降。郑成功从俘虏中了解到荷军的上述情况后，决定把对荷军的封锁战术转为进攻，在对方从巴达维亚和中国大陆获得救兵之前，向热兰遮城堡的荷军发起猛烈攻击。

1662年农历1月25日清晨，郑成功下令炮轰乌特利支圆堡。在两个小时内，郑军发射炮弹两千五百发，在该堡南部打开了一个缺口，当天即占领了该堡。郑军居高临下，立即利用此堡改建炮台，向台湾城猛烈轰击。荷军困守孤城，岌岌可危，在这种情况下，郑成功派人入城劝降。荷兰殖民评议会召开紧急会议，讨论形势及对策。台湾城被围已近九个月，荷军死伤一千六百余人，能参加战斗的士兵仅剩六百余人，且已弹尽粮绝，疾疫流行，形势已完全绝望。评议会认为："如果继续战斗下去，可怕的命运将降临到每一个人头上，而这样坚持，对自己也没有什么好处。"于是在走投无路情况下，只得同意由评议会出面同郑成功谈判。经过会谈，荷方"愿罢兵约降，请乞归国"。

1662年农历2月1日，荷兰驻台湾长官揆一签字投降，荷军交出了所有在台湾的城堡、武器、物资，包括伤病员在内的约九百名荷兰军民，最后由揆一率领，乘船撤离台湾。

至此，荷兰侵略者在台湾38年的殖民统治宣告结束，宝岛台湾又回到祖国的怀抱。

【专家品析】

郑成功亲率战舰一百二十余艘，将士两万五千余人，发动了收复台湾的激烈海战，荷兰侵略军被迫投降，被侵占长达三十八年之久的台湾终于重归祖国怀抱。郑成功收复台湾后，开辟田园，从事生产，设立学校，发展文化，使台湾的经济文化得到迅速的发展。

郑成功收复台湾到现在已经三百年了。历史事实证明：中国人民是有光荣的革命斗争传统的，不管侵略者暂时多么猖狂，玩弄任何阴谋诡计，但终究是要从我国领土上滚出去的。郑成功的英雄事迹和反抗外国侵略的爱国主义精神，将永远是我们学习的榜样。

【军事成就】

郑成功亲率两万五千余名将士，分乘几百艘战船，浩浩荡荡从金门出发。康熙元年初，侵略军头目被迫到郑成功大营，在投降书上签了字。至此，郑成功从荷兰侵略者手里收复了沦陷三十八年的我国神圣领土台湾。

48 抗沙俄赫赫战功，保边疆滚滚烟尘（萨布素·清）

【生平简介】

姓名：萨布素。

出生地：黑龙江宁安县。

生卒年：公元1629—1701年。

身份：著名将领、军事家。

主要成就：抗俄，保卫疆土、保家卫国。

【名家推介】

萨布素（公元1629—1701），清初宁古塔（黑龙江宁安县）人。满洲镶黄旗人，行伍出身。中国清代康熙年间抗俄名将，萨布素为官数十年“忠直无隐”、“家无余财”，堪称一代廉将。

萨布素任黑龙江将军达十八年之久，他不仅在抵抗沙俄侵略的斗争中建立赫赫战功，而且还为建设中国东北边疆作出了卓越贡献。

【名家故事】

萨布素自幼熟读《三国演义》、《孙子兵法》，喜欢骑马射箭。少年时就同大人们一起参加围猎，接受严格的军事训练。他勇略过人、为人正直，而且通晓文墨。

当时，沙皇俄国疯狂侵占中国北方领土，将魔爪伸向黑龙江流域，激起中国人民的强烈愤慨与反抗。清朝顺治帝开始调兵遣将，组织抗击。萨布素应征入伍，奔赴前线。自1653年秋至1658年夏，他随抗俄将领沙尔虎达转战黑龙江各地，参加了多次抗击沙俄入侵的战斗。他英勇善战，屡败沙俄侵略军，并被晋升为武职正六品的骁骑校。

康熙帝继位后，萨布素积极推行康熙帝的移民政策，使边境很多百姓免遭沙俄蹂躏，宁古塔地区抗俄士气高涨。康熙十七年，萨布素晋升为宁古塔副都统。

康熙二十年，沙俄侵占额尔古纳河地区，强行在中国境内抢劫牲畜、毛皮，掠夺银矿，修筑城堡等，接着又出兵侵犯黑龙江下游地区，大肆烧杀抢掠，康熙授权萨布素统兵，前往黑龙江。他督励将士，日夜修建城堡，构筑工事。康熙二十二年，朝廷开始设置黑龙江将军，康熙钦定任命萨布素为第一任黑龙江将军。萨布素肩负重任，戍守黑龙江流域，整饬边防，筹划屯田，造船备炮，构筑土墙，挖掘深壕，加固城堡，使边境各城的抗御能力得到极大的提高。他指挥军队，配合黑龙江两岸各族百姓，扫平雅克萨周围各个据点的俄军，俄军节节败退，清军士气大振。

康熙二十二年至康熙二十三年，萨布素在当地少数民族的配合下，基本上肃清了黑龙江中下游的沙俄侵略军。康熙二十四年，萨布素奉命与郎谈等率兵围攻雅克萨城，雅克萨城本来是中国的领土，数次被沙俄占据而拒不归还，此次，俄国侵略军首领托尔布津投降，被遣返回俄国。次年，托尔布津背信弃义，又率兵到雅克萨筑城盘踞，萨布素带兵到达雅克萨城下，大败俄军，托尔布津龟缩城中，不敢出战，在清军的围困下，俄军里无粮草，外无救兵，孤城很快将被萨布素攻破，沙俄政府闻讯急忙派遣使臣，要求停战，并声明已派戈洛文为大使，前来同中国谈判。康熙帝接受了俄国的要求，命萨布素撤出雅克萨。

康熙二十四年四月，萨布素率领清军自瑷珲城出发，水陆并进，又攻雅克萨。清军二千多人将雅克萨城团团围困起来，勒令沙俄侵略军投降，托尔布津不理。八月，萨布素率军开始攻城，托尔布津中弹身亡，改由杯敦代行指挥，继续顽抗。八月二十五日，萨布素考虑到沙俄侵略者死守雅克萨，必待援兵，考虑到隆冬马上来临，俄军舰船行动不便，他们的马匹、粮草供应一定出现问题，于是在雅克萨城的南、北、东三面掘壕围困，在城西河上巡逻，切断守敌外援。侵略军被围困近半年，战死病死很多，八百二十六名侵略军，最后只剩六十六人。雅克萨城成了萨布素囊中之物，沙皇急忙向清政府请求撤围，派遣使者议定边界。康熙帝答应准许俄军残部撤往尼布楚。雅克萨反击战结束后，康熙二十八年夏，萨布素奉命率一千五百名清军，驾船驶往尼布楚，参加中俄边界谈判。在谈判过程中，萨布素向大清使团提供了黑龙江流域各种自然和历史的准确情况，以及沙俄入侵的罪恶行径，争取了主动。中俄双方于康熙二十八年七月二十四日签订了《中俄尼布楚条约》，规定以外兴安岭至格尔必齐河和额尔古纳河为中俄两国东段边界，黑龙江以北，外兴安岭以南和乌苏里江以东地区均为我国领土。

《中俄尼布楚条约》签订后，萨布素在边境地区积极驻兵屯田，开发和保卫边疆。康熙三十一年，奏请康熙帝建立齐齐哈尔及白都讷城。康熙三十四年，奏请在墨尔根（今嫩江县）设立学校，并增派文武教官，教习孩子们学习，设立满洲学房龙城书院，成为了黑龙江建学堂的开端。

康熙三十五年春，萨布素随康熙帝征讨葛尔丹，奉命为东路大军总指挥，统领东三省八旗兵及科尔沁蒙古兵，从索岳尔齐山出发，拦截葛尔丹叛军，萨布素统帅的大军锐不可当，再次立下赫赫战功。

由于官场上明争暗斗，萨布素回到黑龙江后，被人弹劾诬陷而降职，降职后一心治理齐齐哈尔地区水患，为当地的百姓所称颂。康熙四十一年，萨布素因积郁成疾，卒于黑龙江将军衙门，终年72岁。

【专家品析】

萨布素遗骨移回祖籍时，正遇牡丹江水暴涨，萨布素灵柩不幸落水遗失。在他的出生地宁安城南月牙河旁，安葬一座他的“衣冠冢”，并立碑纪念。

当地百姓称“衣冠冢”叫“将军坟”。近年来。萨布素纪念碑被宁安县文物管理部门移至渤海故宫博物馆供人们瞻仰参观，游人们络绎不绝，人们怀着崇敬的心情，缅怀萨布素将军的一生，他是当之无愧的抗俄民族英雄，他的伟大业绩，将永垂青史。

清《盛京通志》记载：（萨布素）任黑龙江将军年久，经理地方事务，谙练明敏，深得军民之心。其干罗刹及兴建黑龙江学，时称有文武干济之才。

【军事成就】

萨布素治军严明，深得民心。任黑龙江将军历时十八年，驱逐沙俄，开拓疆土，保家卫国，为巩固东北边防打下了坚实的基础。修城筑镇，扩充兵源，发展生产，建学兴教，发展城庄建设，促进了黑龙江地区经济文化的发展，使瑷珲、墨尔根、齐齐哈尔等城镇迅速兴起。

萨布素可以说是黑龙江省成立建省的最伟大的功臣之一，同时更是一位保卫疆土、保家卫国的一代民族英雄。

参考文献

[1] 金开诚. 中国古代著名军事家[M]. 长春：吉林出版集团有限责任公司：吉林文史出版社，2011.

[2] 陈高春. 中国古代军事文化大辞典[M]. 北京：长征出版社，1992.

[3] 汤昌和. 中国古代军事思想[M]. 保定：河北大学出版社，1993.

[4] 马允伦. 中国古代军事家故事[M]. 上海：少年儿童出版社，1990.

[5] 宁梦辰. 中国古代军事谋略[M]. 沈阳：辽宁大学出版社，1985.